LEVÁNTATE DE TU ASIENTO Y CONQUISTA LAS CALLES

RON DOTZLER

Levántate de tu Asiento y Conquista las Calles
Copyright © 2015 por Ron Dotzler

Este libro se escribió para alentar a los cristianos a buscar una relación con propósito en Jesús y para animarlos a levantarse de sus asientos y conquistar las calles. Las historias compartidas en este libro son verdaderas, sin embargo, algunos nombres se cambiaron para proteger a las personas reales.

Para más información, contacte:
ABIDE · P.O. Box 11489 · Omaha, NE 68111
402-455-7807   www.abideomaha.org

Escritora Fantasma: Angela Welch Prusia
www.angelawelchprusia.com
Traducción: Lic. Merari Martínez
mera.mtz87@gmail.com
Diseño de portada: Reynaldo Licayan
ISBN 978-1976139000

Dedicatoria

Este libro está dedicado a mi hermosa esposa Twany y a nuestros catorce maravillosos hijos: Nekiesha, Makhoal, Jason, Jonathan, Joshua, Radiance, Myhiah, Jeremiah, Krehauna, Taylea, Saveenha, Casia, Josiah and Zhyael.

Mamá y yo siempre hemos soñado y trabajado para el día en que cada uno de ustedes se convierta en líderes que cambien al mundo. Al principio de nuestro matrimonio, Dios nos dejó muy claro que las "cosas buenas" que lográramos se quedarían opacadas en comparación con las grandes cosas que ustedes lograrán.

Nuestra esperanza y oración es que las verdades que contiene este libro los impulse, a ustedes nuestros hijos, a hacer grandes cosas al vivir completamente rendidos a Jesús. Que estas palabras los fortalezcan para promover el Reino de Dios de la manera más convincente y completa posible al levantarse de sus asientos e ir a las calles.

El que cree en mí, hará también las obras que yo hago; y aun mayores obras hará...

Juan 14:12 RVC

LO QUE LA GENTE ESTÁ DICIENDO

"Las colonias marginadas pueden ser difíciles, pero Ron y Twany, una pareja biracial, representa la esperanza de reconciliación. Su trabajo en Omaha está produciendo un fruto increíble, desarrollando una generación de líderes jóvenes multiétnicos quienes están creando caminos innovadores de transformación. La historia de los Dotzler no solo es poderosa, enciende la pasión por el cambio"

Steve Bell, Autor, Conferencista y Vicepresidente Ejecutivo de la asociación Willow Creek

"Ron Dotzler es uno de los pocos pastores en los Estados Unidos en ir más allá de la retórica moral a resultados mesurables de transformación espiritual, social y financiera de colonias y comunidades. Su historia es cautivadora, sus métodos y modelos son basados en la Biblia, relevantes en la multiculturalidad y transferibles de manera pragmática. Recomiendo altamente este libro a cualquier pastor o líder de ministerio que esté buscando promover un evangelio creíble, presente en una sociedad cada vez más diversa y escéptica."

Dr. Mark DeYmaz, Pastor Fundador de la Iglesia Mosaic en Arkansas. Presidente de Mosaix Global Network, Autor de (Construyendo una Sana Iglesia Multicultural)

"Conocer a Ron y Twany Doztler realmente presenta un gran desafío a salir de la zona de confort y vivir un Evangelio Radical. Les podremos advertir que este libro puede traer un cambio radical a sus vidas e iglesias. Ron y Twany no sólo 'platican' sino 'practican' y lo viven a todo color. La amistad y relación con los Dotzler ha sido a través 27 años. Al principio de lejos, pero quedamos en shock cuando nos pidieron asistir a la Escuela de Idiomas en El Carmen, N.L. Ahí sí empezamos a conocerlos de cerca. Cuando vinieron con la meta de estudiar español en 1997 tenían 10 hijos. Nuestro primer problema era: ¿dónde van a vivir 12 personas? Fue sorprendente que se adaptaran a lo que había, una casita de cemento de 100 metros cuadrados. El libro "Levántate de tu Asiento y Conquista las Calles" merece agregar 'Conquista las Naciones' porque desde ese tiempo no sólo han conquistado las calles en el Norte de Omaha, sino que han traído muchas de esas personas de las colonias marginadas a México. El escuchar los testimonios de los participantes de 23 viajes misioneros es conmovedor y es increíble poder ver de primera persona una transformación radical. Todo esto ha hecho que esta pareja ordinaria sea una leyenda y creemos que debido a su ejemplo de obediencia incondicional a Dios serán de impacto para las generaciones futuras que están siendo enviadas a las naciones. "Levántate de tu Asiento y Conquista las Calles" es un libro que será un modelo para muchas ciudades en las que se podrá implementar para discipular naciones. ¡Prepárate para sentirte catapultado a la acción!"

Ruth & Victorio Martínez
Directores Eméritos del Instituto Ministerial
El Calvario, El Carmen N.L., México

"Durante 25 años, el ministerio de los Dotzler ha dado esperanza, apoyo y recursos a las familias de las colonias con alta pobreza de Omaha. Ron y Twany son líderes confiables, compañeros y mentores. ABIDE cree que en Omaha 'Juntos Somos Mejores' y nosotros somos mejores gracias al liderazgo de la familia Dotzler."

Jean Stothert
Alcalde de Omaha

"Ron Dotzler ha sido un aliado muy valioso para el Departamento de Policía de Omaha en los últimos cinco años. Esta colaboración ha dado como resultado, una reducción de crimen en muchas colonias donde el departamento de policía y ABIDE han colaborado. El compromiso de Ron de servir a otros se resalta con su esfuerzo por crear colonias estables, cuadra por cuadra. Ron y ABIDE trabajan incansablemente para mejorar la comunidad a través de su compromiso con la comunidad y por medio de alcance. 'Better Together' (Juntos Somos Mejores) es más que un simple lema, de verdad ejemplifica la manera en la que intenta mejorar la comunidad para todos."

Todd Schmaderer
Jefe de Policia
Departamento de Policía de Omaha

"El dinámico y emocionante estilo de escribir de Ron Dotzler me envolvió desde el primer capítulo, a través de cada página se percibe la autenticidad de su amor a Dios y a los necesitados de un cambio radical y real en sus vidas, estoy convencido de que cada lector será motivado a levantarse y salir de sus cuatro paredes a demostrar el amor de Cristo con hechos más que con palabras y así hacer que Jesús sea irresistible"

Rodrigo Martínez
Pastor en Mérida, Yucatán, México

"¿De qué sirve brillar en donde ya hay luz? Es necesario que la luz de Jesús en nosotros sea colocada en donde la oscuridad parece más densa. Es justamente lo que podemos encontrar en la vida de Ron Dotzler, la luz puesta en donde requiere alumbrar. Nos hemos olvidado de ver a nuestra sociedad, en cualquiera de sus ámbitos, desde la perspectiva de Dios; nos ha sido más fácil encontrar todos sus defectos y no así las maneras en que podríamos hacer diferencia. Este libro nos reta, nos desafía, nos llena de ganas de aprender a encontrar la mirada de Jesús hacia cada persona, sin importar las condiciones de su vida ya sea social, física o espiritual. ¡Levantémonos y Conquistemos!"

Cheke Serés
Coordinador de OneWorld Puebla, México

"Ron y Twany han impactado profundamente mi vida, Young Life Omaha y la vida de la Iglesia West Hill. Ellos personifican los verdaderos valores del Reino, despertando a otros a ver lo que Dios puede hacer cuando la iglesia en verdad une corazones y manos. En verdad son dos de mis héroes. Sé que serás bendecido por la historia de sus vidas y su increíble corazón por el ministerio que definitivamente está cambiando la ciudad de Omaha para la gloria de Dios."

Pam Moore, Director Nacional de Entrenamiento
de Young Life
Denver, Colorado

"Como una pareja biracial, el liderazgo auténtico está ayudando a mover nuestras iglesias adelante en reconciliación y renovación. Sus esfuerzos de transformación de la ciudad están ganando impulso en una generación desesperada por paz y esperanza. Lee su maravillosa historia y acompáñalos a cambiar el mundo para Cristo."

John Perkins, Cofundador de la Asociación de
Desarrollo de la Comunidad Cristiana (CCDA
por sus siglas en Inglés) Fundador de la
Fundación John and Vera Mae Perkins
Jackson, Mississippi

"Ron y Twany son ejemplos de creyentes que se han entregado por completo para impactar a la comunidad para Cristo. Los sacrificios que hacen para levantar a otros son un recordatorio diario de la Gran Comisión dejada para la iglesia. Oro para que este libro motive a otros a dejar sus zonas de confort y sean parte del cambio en nuestras comunidades."

Pastor Selwyn Q. Bachus
Iglesia Bautista Salem, Omaha

"Con frecuencia oramos 'Venga tu reino, hágase tu voluntad, en la tierra, así como en el cielo' ¡Es una gran oración! Pero ¿cómo es cuando el Reino de Dios viene a una ciudad? Ron y Twany Dotzler pueden decirte. Durante 25 años de prueba y error han encontrado el puente que une el Reino de Dios con las colonias marginadas a través de la iglesia local. Mi paradigma para alcanzar nuestra ciudad ha sido desafiado y cambiado por su travesía. Nuestra colaboración con ellos ha retado a nuestra iglesia a 'Levantarnos y Conquistar'. Prepárate para ser inspirado y equipado para alcanzar a tu ciudad para Dios.

Walt DeVries, Pastor Titular de la Iglesia
Glad Tidings, Omaha Asambleas de Dios

"*Ron y Twany Dotzler no sólo predican. Sí, obviamente predican y mientras predican, inspiran, enseñan y motivan, pero para ellos ahí no acaba. Ellos viven todo lo que predican. Por más de 25 años he tenido el privilegio de ver su recorrido desde su vida en la colonia residencial hasta su increíble trabajo en las colonias marginadas, tomando riesgos y haciendo lo que muchos consideran cambios radicales con su familia. Este libro relata su historia. Te va a inspirar a tomar acción detrás de tu fe, los Dotzler son movilizadores. Este libro te moverá, así como lo dice su título.*"

Pastor Lincoln Murdoch, Director Ejecutivo
Step Up To Life

"*Ron y Twany son una proeza de justicia, compasión y amor en Omaha.* Levántate de tu Asiento y Conquista las Calles *es más que un lema para los Dotzler. Es una pasión, un estilo de vida y un movimiento. Nuestra iglesia es dramáticamente diferente por nuestra colaboración con ABIDE y Bridge. Sumérgete y tu vida también será transformada.*"

Mark Ashton, Pastor Principal
Comunidad de Cristo Omaha
Alianza Cristiana de Misioneros

"He observado y he sido parte en lo que Dios hizo al llevar a una pareja de diferente raza de un entorno corporativo y trasladarlos a una colonia marginada con uno de los más altos índices de crimen en América. El amor, la visión y la pasión por el ministerio y el derribar paredes les permitió unir a negros, blancos y latinos, así como recursos para establecer un pedacito de cielo en la tierra. Han impactado radicalmente las vidas de jóvenes en las colonias marginadas donde las drogas, la violencia de las pandillas, el sexo y la prisión ya no controlan su futuro. Los Dotzler realmente han tenido éxito donde otros han fallado, en encontrar las necesidades de los perdidos en las colonias marginadas. Este es un modelo del amor de Dios que está funcionando."

Pastor Robert Hall
Catedral de Amor, Omaha

"Lo que Dios ha hecho en el Norte de Omaha a través del ministerio de Ron y Twany Dotzler no sólo es increíble, sino que también inspira. Cuando años atrás dijeron; 'Heme aquí, envíame a mí' y se mudaron de su cómoda vida en una colonia residencial, a una dolorosa colonia marginada, no hubieran podido predecir las miles de vidas que tocarían mediante la formación de ABIDE y la iglesia Bridge. Han cambiado una ciudad y cambiaron mi vida profundamente. Por eso estoy agradecido."

Dr. Steve Holdaway, Pastor titular de la Iglesia
LifeSpring, Bellevue, Nebraska

"Ron y Twany fortalecen a pastores en su llamado, unen congregaciones en una misión, construyen puentes conectando colonias, forman comunidades en medio del caos y gozosa e incansablemente invitan a los cristianos a 'levantarse de sus asientos y conquistar a las calles'. Para Ron y Twany 'Levántate de tu Asiento y Conquista las Calles' no es solo un lema, es un impulso imparable. Su ministerio en nuestra ciudad ha dado como resultado la unidad de iglesias alrededor de nuestra comunidad y de diversas denominaciones para juntos ser testigos para Dios. La Iglesia Presbiteriana Dundee es más fiel en su mayordomía del evangelio en gran parte debido al ministerio y corazones de los Dotzler y su equipo increíble. Si su visión, humildad, constancia y amor fueran agua salada, Ron, Twany, ABIDE y Bridge serían el Océano Pacífico."

Pastor Bob Jordan
Iglesia Presbiteriana Dundee, Omaha

CONTENIDO

PARTE I: LEVÁNTATE DE TU ASIENTO

CUANDO DIOS CONSIGUE NUESTRA ATENCIÓN

CUANDO DIOS OBTIENE NUESTRO AFECTO

CUANDO DIOS NOS LLAMA A ACTUAR

PARTE II: EN LAS CALLES

ADOPTANDO COLONIAS

IGLESIAS BRIDGE (PUENTE)

INVIERTE EN LÍDERES

DIVERSIDAD

ESTABLECER ALIANZAS

PARTE I:
LEVÁNTATE DE TU ASIENTO

Cuando Dios Obtiene tu
ATENCIÓN

1

IR A LA SEGURA

CONFRONTACION A ALTAS HORAS DE LA NOCHE

Estar parado en una esquina una hora antes de la medianoche en medio de una colonia marginada no era mi primera opción de diversión en un viernes por la noche, pero cuando un grupo de una de nuestras iglesias aliadas me pidió dar una lección de oración, supe que no podía estar en un mejor lugar. Orar por entendimiento en ese lugar significó levantarme del asiento de mi iglesia e ir a las calles.

Un joven vio a una de las mujeres en nuestro grupo y rápidamente fue hacia ella como alguien en estado inconveniente. Su silueta corpulenta y su afro desordenado contrastaban con el tamañito de ella.

"Hola ¿Qué tal?" Me acerqué a la esquina de la calle 30 y Ames, en un intento por suavizar la situación.

El joven me encaró y gruñó de disgusto. "Güerito, ¿Qué estás haciendo en mi comunidad?" El alcohol contaminó el aire y dificultó su hablar.

El miedo brilló en los ojos de la señorita. Incliné la cabeza en dirección a nuestro grupo y ella huyó lentamente.

"Te tienes que ir" me escupió, "los güeritos no pertenecen aquí"

Un carro pasó con el ruido de los bajos y amortiguadores a todo volumen. A pesar de la hora, el lugar estaba lleno de gente vestida para salir de fiesta. Las luces de la calle alumbraron el lugar donde nos encontrábamos, haciendo posible ver algunas caras de la multitud. Por lo menos el ruido ahogaría cualquier confrontación. Tener audiencia solo alimentaria el ego del jovencito.

"¿Traes dinero?"

Le dije que no con la cabeza.

"No me mientas güero." Se puso en frente de mi cara, "no respeto a los mentirosos."

Líneas rojas cruzaban por lo blanco de sus ojos. Estaba demasiado drogado. Una discusión solo haría las cosas más grandes.

"¿Ves ese edificio?" Giró su cabeza en dirección a un edificio abandonado conocido por su reputación como lugar de compra y venta de drogas. "Esa es mi casa, ustedes los güeritos viven en casas grandes y lujosas, por eso sé que tienes dinero."

No le dije que me había cambiado a vivir al Norte de Omaha hace casi una década. Las colonias marginadas se habían convertido en mi hogar.

Mi silencio inquietó más al jovencito. "Ustedes los güeros son la razón por la cual a nosotros los afroamericanos nos la ponen muy difícil."

Sudor corrió por mis labios. Sus acusaciones me señalaban como el enemigo. "Ayúdame Jesús." Suspiré una oración en silencio.

Groserías salieron de su boca. "Debería darte una paliza ahora mismo."

Di un paso hacia atrás y el movimiento hizo que se enfureciera

"¿Estás tratando de huir de mi?" Cerró la distancia entre nosotros listo para lanzar un golpe. "¿Crees que eres demasiado bueno para un afroamericano?"

Tragué saliva en un intento fallido de esconder el miedo que iba en aumento. "Por favor, protégeme Jesús." Oré como loco. Tenía 10 hijos y una esposa que me necesitaban.

"Te voy a golpear con un casquillo güerito." Estaba temblando mientras sus gritos llegaban al extremo. "Dame tu dinero ya o dile adiós a tu miserable vida."

Metió su mano a su bolsillo para sacar un arma. Mi corazón se aceleró en pánico. No podía detener una bala.

"Dios ayúdame"

Era hombre muerto.

VELVEETAVILLE

Soy blanco y mi esposa es afroamericana. Nací y crecí en un pequeño pueblo rural en Iowa con una población de 300 personas aproximadamente. Por otro lado, mi esposa, nació y creció en una zona urbana de afroamericanos en el área metropolitana de Washington D.C. con más de 5 millones de habitantes.

Nos conocimos en la universidad, nos casamos, formamos una familia y vivíamos una cómoda vida cristiana. Íbamos a la iglesia varias veces a la semana y leíamos nuestras Biblias, todo esto mientras atesorábamos casas, carros y otras posesiones en un intento vano de estar a la moda.

Antes de la vida en las colonias marginadas, viví en Velveetaville, el lugar donde fui transformado por mi cultura. Entre más dinero ganaba, más dinero gastaba mejorando el estilo de vida de mi familia.

Mi valor, de acuerdo al residencialismo, equivalía a la suma total de las cosas que lograba y de los elogios que alcanzaba. Un ciclo sin fin de exigencia y avaricia dominaba mi vida. En cinco cortos años como ingeniero químico hice engordar el portafolio financiero de mi familia, en mi afán de tener éxito.

Gana más dinero, compra más cosas. Me hice parte del mantra cultural y salí tan transformado como mi vecino de a lado.

Gana más dinero. Compra más cosas.

Gana más dinero. Compra más cosas.

Vivía en una colonia residencial llamada Velveetaville. Mi cultura produjo masivamente miles de personas como yo, siguiendo ciegamente el sueño americano. Dos piezas de pan (comodidad y placer) hicieron sándwich de mi vida de queso procesado. La única diferencia entre mis vecinos y yo era que ellos no iban al club de domingo por la mañana llamada iglesia.

Porque seguía a Cristo, yo justificaba mi cómodo estilo de vida. Después de todo, ¿No estaba simplemente disfrutando de las bendiciones de Dios mientras me preparaba para el futuro de mi familia?

No me consideraba materialista o estar absorbido en mi conformidad; sin embargo, mi cuenta en el banco y mi estilo de vida probaban lo contrario. El sueño de Dios en mi vida no era algo que yo buscaba. El sueño americano de alguna manera me había absorbido.

Sin darme cuenta construí una burbuja de protección que aislaba a mi familia de el mundo destrozado y peligroso. Preparé a mi familia para el éxito financiero de tal manera que nada pudiera penetrar la red de protección que nos rodeaba.

La satisfacción hizo que me aislara; a parte de mi familia, amigos y carrera, yo anhelaba tener un propósito más grande en mi vida. Escuchaba a personas hablar de conocer el llamado de Dios para sus vidas, yo nunca experimenté esa realidad. Algo faltaba.

La vida en la colonia residencial me aislaba de la difícil realidad de muchos en mi ciudad. Cuando leía artículos en el periódico sobre el crimen en el Norte de Omaha, yo criticaba y juzgaba a "esas personas" por su irresponsabilidad y los culpaba por lo que deberían o no hacer. En mi punto de vista negativo pensaba que se merecían la cantidad de problemas que están pasando.

Las estadísticas de las colonias marginadas eran alarmantes. Crímenes, violencia y asesinatos parecían normales. Educación deficiente, desempleo elevado, casas deterioradas y patios descuidados, dejaban poco qué desear.

A causa de mi cinismo, la distancia entre "ellos" y yo no me afectó y me quedé sin hacer nada. Bastante triste, no sentía compasión, ni preocupación. Nunca invertí, tiempo ni dinero para ayudar a las colonias marginadas. No tenía idea de las condiciones que estaban impactando a una gran población de niños, jóvenes y familias.

Velveetaville me dejó con un deseo de ir por más. Dios tenía mucho trabajo que hacer para cambiar mi frío e insensible corazón.

IR A LA SEGURA

Con el creciente vacío que sentía en Velveetaville, Dios despertó mi atención. Mi fe se resumía en un folleto cristiano. El librito instruía a los nuevos cristianos a cómo vivir: "Ahora que le dio su vida a Jesús, lea la Biblia, ore, vaya a la iglesia y haga el bien."

El claro contraste entre esta "bonita" versión del cristianismo y el cristianismo de la Biblia me pasmó. La descripción de un cristiano en el folleto no se parecía nada a la representación de los primeros seguidores de Jesús encontrados en el Nuevo Testamento.

Los primeros cristianos hicieron la diferencia. Los seguidores de Jesús defendieron la causa del pobre y el necesitado. La iglesia alimentaba a las viudas y ayudaba a los huérfanos. Los cristianos establecían ciudades en revuelo y cambiaba su economía. La enseñanza de Pablo en Éfeso condenaba a los hechiceros a quemar sus pergaminos y retaba a los plateros a dejar de hacer altares para los dioses locales. Los creyentes vendían todas sus posesiones y vivían completamente consagrados a Jesús. Estaban dispuestos a dar sus vidas para hacer avanzar el Reino de Dios.

Estos primeros cristianos pusieron el mundo de cabeza. Por desgracia mi versión del cristianismo se parecía más a la del folleto que a la del Nuevo Testamento.

Auch.

Entre más estudiaba a los primeros cristianos, más me daba cuenta que mi perspectiva del cristianismo estaba incompleta. Los primeros discípulos tenían más convicción.

Tenían una pasión y dirección que los hacía sacrificarse para que otros pudieran encontrar esperanza. Jesús impactó radicalmente sus vidas. Esto a su vez cambió radicalmente sus ciudades… y finalmente impactó al mundo.

Antes de que Jesús muriera y les diera la comisión a sus seguidores de llevar las buenas nuevas, Él vio a Jerusalén y lloró. Su corazón se quebrantó por la ciudad.

¿Tenía yo la misma compasión por mi ciudad? Como nunca antes, muchas preguntas empezaron a entrar a mi mente y corazón. Dios quería mi atención. Estar sentado en el banco de una iglesia no era suficiente.

¿Me rompía el corazón el sufrimiento y el dolor de las colonias marginadas?

CAPÍTULO

2

EL PODER DEL
DESPERTAR PERSONAL

LA MUERTE DE MI HERMANA

En mi niñez, la fe que tenía era la de mis padres. Disfrutaba ir a la iglesia cada domingo hasta que entré a la universidad, yo no veía la necesidad de ir. Aunque yo decía que era cristiano, no pensaba mucho en Dios o en su plan para mi vida.

Cuando diagnosticaron a mi hermana mayor, Lois, con un raro cáncer a la edad de 27 años, no me di cuenta del grado de la enfermedad. Yo era un espíritu libre, viviendo la vida de fiestas en la universidad. La distancia entre su casa en la ciudad de Kansas y mi casa en la Universidad de Tarkio en Missouri me protegió de los efectos devastadores de sus dos años de batalla. Cuando mi mamá nos reunió con mi hermana una semana antes de su muerte, me sorprendí del cambio. La piel se adhería a sus huesos. Lois había bajado 18 kilos.

No supe qué decir. Nunca me había confrontado con la muerte. El miedo me llenó de impotencia.

"¿Cómo estás, Ronnie?" Mi dulce hermana rompió el silencio incómodo, siempre había sido mi más grande apoyo. ¿Cómo podía ser tan fuerte, a pesar de estar enfrentando a la muerte?

Mi mamá y Lois hablaban mientras la piel se me erizaba. Tenía que salir del cuarto. Se supone que los hombres no deben mostrar sus emociones y yo estaba hecho un desastre.

Una semana después recibí la llamada muy temprano en la mañana.

"Lois murió", mi hermana Mary me dio la noticia.

Me desmoroné en el piso de mi dormitorio. Lois no podía estar muerta. Estaba muy joven.

El funeral me quebrantó. La muerte estremeció a todos los que abarrotaron la pequeña iglesia católica. Seguí el cortejo fúnebre hasta el cementerio y vi como bajaban el ataúd al pozo.

La muerte me perseguía con preguntas sin respuesta.

¿Qué pasa después de la muerte? ¿Había algo más en la vida de lo que mis ojos podían ver?¿Mi vida tenía un propósito?

UNA LLAMADA DE ATENCIÓN

Mi hermano Ray trató de hablarme de Jesús, pero sus palabras no tenían sentido. Regresé a la universidad y me sumergí en las fiestas para olvidar.

Dios llamó mi atención poco menos de un mes después. Borracho y cansado después de la Semana Griega, decidí descansar en la casa de Ray.

A pesar de mi estado de agotamiento, salí de la fiesta alrededor de la media noche. A la mitad de mis dos horas de viaje, bajé la ventana para mantenerme alerta. El aire fresco sólo ayudó unos segundos. Me di cachetadas en la cara y canté a todo pulmón, pero nada ayudó.

El resplandor de los faros y el estruendo del claxon hicieron que me despertara sobresaltado. Un carro en dirección contraria venía directamente hacia mí. Giré el volante rápidamente y apenas me libré del accidente. Volteé a ver el reloj. Eran las 2:08.

Debí haberme orillado. Al contrario, continué en la deriva y me dormí ocho o nueve veces más durante la siguiente hora, sólo para despertar justo a tiempo para retomar el control del carro y evitar un choque de frente con un carro en dirección contraria, un puente o una zanja. De alguna manera logré llegar a casa de mi hermano y me quedé dormido en el sofá.

La mañana siguiente mi hermano me sacudió para despertarme. "Ron, Ron, ¿Estás bien?"

Sentía punzadas en la cabeza. "Sí, estoy bien, ¿Por qué?

Ray me empujó el hombro. "Dios me levantó a las 2:08 para orar por ti."

Sus palabras rompieron mi confusión. Me quedé boquiabierto.

La idea de un Dios personal era desconocida para mí. El grandote parecía distante e invisible, pero parecía que mi hermano creía que Jesús era su mejor amigo. La manera en que describía a Jesús me hizo pensar si lo había visto alguna vez con sus propios ojos. Ray me explicó que él tuvo una experiencia radical con Jesús, pero yo seguía sin entender. Todo lo que sabía era que de repente mi hermano no podía tener suficiente de Jesús, la iglesia o estudios bíblicos.

Ahora no podía evitar preguntarme...*Si Jesús despertó a mi hermano para orar por mí, ¿Podría ser real? ¿Tenía Él un plan para mí?*

Me quedé en Omaha con Ray y su esposa en el verano y trabajé. Me invitó a ir con ellos a la iglesia y acepté.

Cada domingo escuchaba al pastor compartir acerca de Jesús de una manera que parecía tan real. Una mañana en particular una mujer de China, llamada Nora Lam, compartió su historia y

Jesús vino a mi encuentro. No podía creer que esa mujer había estado milagrosamente embarazada por 12 meses cuando estaba en un campo de trabajo donde hacían trabajos forzados. Dios contestó sus oraciones de retrasar la llegada del bebé hasta que los dos estuvieran en un lugar seguro. La intervención de Dios me maravilló, sin embargo, Él ya había hecho lo mismo en mi vida. Si Dios no hubiera alertado a mi hermano para orar, yo estaría muerto. Darme cuenta de eso me hizo temblar. Cuando la mujer preguntó si había alguien que quisiera rendir su vida a Jesús, levanté mi mano. La paz llenó el vacío que había en mí.

Cuando regresé a la universidad, Dios empezó un cambio radical en mi vida. Dejé de tomar, renuncié a mi cargo como presidente de la fraternidad y empecé a dar estudios bíblicos. No sabía la diferencia entre el Antiguo y Nuevo Testamento, pero me gané una nueva reputación: Loco por Jesús.

¿POR QUÉ IMPORTA EL COLOR DE LA PIEL?

Durante ese tiempo, me enamoré de una hermosa afroamericana llamada Twany. Cuando ella también se hizo cristiana, no podía esperar a pasar el resto de mi vida con ella. Aunque yo me consideraba daltónico respecto a nuestra relación interracial, Dios me reveló mis puntos ciegos culturales que distorsionaban mi perspectiva tanto de mi vida como la del cristianismo.

Cuando llevé a Twany a mi pequeño pueblo en Iowa, el amor y la ingenuidad me cegaron. Yo supuse que a todos les había encantado mi esposa afroamericana. Años después mi mamá me dijo que causé un alboroto en el pueblo donde todos son blancos.

Me llevé una sorpresa cuando llamé a los papás de Twany para pedir su mano en matrimonio. El firme rechazo de su madre me impactó y me confundió. *¿Qué tenía en mi contra? ¿Había visto la mamá de Twany alguna foto mía y no le gustó lo que vio? ¿Sabía lo pobre que era en realidad como estudiante de la universidad?*

"Pero ¿Por qué?" Tuve el valor de preguntar.

"Porque eres blanco" Ni siquiera titubeó.

¿Blanco? ¿Qué tenía que ver el color con esto? Estaba totalmente confundido. Las clasificaciones en el Iowa rural se dividían entre hombre-mujer, católico-no católico, incluso Aleman-Sueco, pero nunca blanco. Generalmente concebía a todos los que me rodeaban como estadounidenses. Este tipo de lenguaje de color era completamente desconocido para mi, tan extraño como un segundo idioma. *¿Por qué importaba el color de la piel?*

Con pasión y empeño, de alguna manera convencí a mis suegros de bendecir nuestro matrimonio, pero pronto me di cuenta que mi nueva esposa tenía el mismo pensamiento que tenían sus padres sobre las personas blancas.

Cuando me atreví a llamar a Twany prejuiciosa, de inmediato reaccionó diciendo lo prejuicioso que era yo hacia los afroamericanos. Su respuesta me pareció defensiva, así que pedí pruebas. *¿No demostraba mi decisión de casarme con una mujer afroamericana mis verdaderas creencias?*

Twany no pudo darme ejemplos específicos de mi prejuicio, pero eso no la hizo cambiar de opinión. Estaba convencida de que yo era prejuicioso.

Por otro lado, yo tenía muchos ejemplos de su prejuicio contra los blancos. En una obra en el Teatro Orpheum de Omaha, Twany señaló que sólo cinco afroamericanos estaban en la audiencia. "¿Qué?" No oculté mi molestia ante su percepción de la raza. "¿Por qué dices eso? ¿Eres el inspector de afroamericanos?

Cada que salíamos de compras, Twany decía que las vendedoras la vigilaban de cerca. No importaba qué le dijera, siempre caía en lo mismo, su viejo entrenamiento de "ten cuidado de Charlie" un dicho en la comunidad afroamericana para cuidarse de los blancos.

Twany justificaba sus opiniones, interpretando sus respuestas basadas en sus experiencias raciales pasadas.

Me llené de frustración.

Dios me tenía en la mira. Usó mi amor por Twany para llamar mi atención. Otra vez.

SER AFROAMERICANO EN UN ESTADOS UNIDOS BLANCO

El visitar a mis suegros por primera vez en Washington D.C. me introdujo a un territorio desconocido.

Todos a mi alrededor eran afroamericanos, una experiencia completamente nueva y de cierta manera incómoda para mí. Hasta ese entonces, nunca había tomado en cuenta el color de la piel.

Ser la minoría me forzó a ver la vida a través de un contexto totalmente diferente, pero aun así, se me dificultaba entender lo que significaba ser afroamericano en un Estados Unidos blanco, como mis suegros lo decían.

Mi esposa describió su experiencia al ser la única familia afroamericana en un equipo de natación de un club. Los niños blancos ridiculizaban y escupían a los hermanos mayores de Twany y sus entrenadores no hacían nada al respecto. Pocas cosas cambiaron cuando ella entró al equipo. Algunos de los padres regañaban a sus hijos porque dejaron que un compañero afroamericano les ganara en una competencia de natación, aunque pertenecían al mismo equipo. Los hermanos de Twany calificaron para los Juegos Panamericanos, pero no pudieron participar, porque no había ninguna facilidad para los afroamericanos. Otros afroamericanos se burlaban de ellos por participar con los blancos; Twany y sus hermanos se sentían solos, intrusos, sin importar a dónde voltearan.

SOY PREJUICIOSO

Yo interpreté sus experiencias mediante el filtro de mi crianza rural blanca, por lo tanto, estaba escéptico. Sin duda mi esposa y sus papás estaban exagerando. *Todos los estadounidenses tenían las mismas oportunidades y circunstancias. ¿No?*

No importa cuántas veces mi esposa recordaba la historia de desigualdad de su familia, yo seguía sintiendo que ella era prejuiciosa respecto a los blancos.

"No es justo creer que todos los blancos son iguales" Le dije en muchas ocasiones. "Tú eres la prejuiciosa, no yo."

Me frustraba y enojaba que mi esposa siempre insinuara que yo, siendo blanco, era el responsable de la esclavitud e injusticia. Nunca entendí por qué me relacionaba con el sufrimiento e injustica que ocurrió mucho antes de que yo naciera. Yo no cometí atrocidades. ¿Por qué debería asumir la culpa? En mi mente, si pudiera probar que no era prejuicioso, ella no podría ligarme a la desigualdad y horrores por los que pasaron los afroamericanos en Estados Unidos.

Una noche nos sentamos en el carro en la entrada de nuestra casa, me deleité en la belleza y la bendición de nuestra hija primogénita Kiesha, que tenía tres meses de nacida. Cuando la pusimos en su asiento del auto en medio de mi esposa y yo, me imaginé el futuro de Kiesha como una mujer de Dios que algún día llegaría a ser misionera y se casaría con un hombre blanco.

"Mi hija no" Twany sacudió la cabeza. "Nuestra hija se casará con un afroamericano."

"¿Qué?" Se me salieron los ojos. "Tienes que estar bromeando. Mi hija se casará con un hombre blanco.

De inmediato comenzamos a discutir.

Íbamos y veníamos debatiendo si nuestra hija se casaría con un hombre blanco o con un afroamericano.

Twany me miró fijamente, acorralándome al fin. "¡Ves, sabía que eras prejuicioso!"

Ahí estaba.

No podía creer lo que acababa de decir.

Mis palabras revelaron lo que había en mi corazón. En verdad era prejuicioso y no lo podía negar.

PREFERENCIAS Y PREJUICIOS

Después de calmarnos, mi esposa y yo tuvimos una larga conversación de cómo nuestras preferencias internas a menudo nos conducen a nuestros prejuicios. Ya sea intencional o no, estas preferencias nos condicionan a tomar ciertas decisiones sin pensar tanto.

El comentario acerca de que mi hija se casaría con un hombre blanco, reflejó mis preferencias internas basadas en mis circunstancias de la cultura rural blanca. Tenía una perspectiva incompleta que había sido contaminada por las experiencias de mi vida. Muchas veces hablaba sobre los "buenos viejos tiempos" y mi esposa alegaba. "¿Para quién? en ese entonces estábamos en esclavitud." Los años que viví junto a otros blancos me hicieron sentir cómodo en la zona de blancos. No estaba siendo mal intencionado o injusto, más bien, yo había respondido de acuerdo a mis circunstancias culturales.

Lo mismo pasaba con mi cristianismo. Mis preferencias influenciaban mi toma de decisiones y guiaban mis interacciones. Si no era intencional y no me comprometía por completo a preferir a otros por encima de mí, mis preferencias naturales determinaban mis decisiones. Me distraje demasiado fácil al tratar de estar a la moda en Velveetaville que me olvidé del resto del mundo que Dios quería que yo amara.

Debido a las diferencias entre mi formación y la experiencia de Twany, Dios llamó mi atención y amplió mi perspectiva del cristianismo. Él limpió mis lentes manchados y empezó a mostrarme a las personas a través del lente de Su amor.

Usando la diversidad, Dios quería que encontrara formas de dejar atrás lo que me era conocido y desarrollar hábitos intencionales que muestren amor y justicia para todos, incluso a los que no son como yo. Para que esto pasara, definitivamente tenía que hacer algunos cambios.

CAPÍTULO

3

CAMBIO

ESCAPANDO DE VELVEETAVILLE

Una década después.

A pesar de estar muy involucrado en la iglesia. No podía quitarme la creciente inquietud dentro de mí. Ser líder de alcances rurales y de estudios bíblicos ya no me llenaba, faltaba algo. Tenía que hablar con mi pastor.

"Me siento inestable" Le conté al hombre al que llegué a respetar. Su enseñanza y liderazgo me habían ayudado a afianzarme en la palabra de Dios. "Pastor, siento que tengo que ir al campo misionero."

"Ron, tienes una gran familia y un excelente trabajo. Adoptaste a los mellizos y haces más ministerio que muchos de los pastores que conozco." Me sonrió. "Sigue haciendo lo que haces."

Seguí su consejo por unos meses, pero mi insatisfacción sólo crecía. Mi vida tenía que valer más que la suma total de mi familia, mi carrera y de si asistía a la iglesia.

Me reuní con mi pastor nuevamente. "¡Ya no puedo hacer esto!"

Tenía que escapar de Velveetaville.

Mi esposa y yo asumimos que Dios quería que fuéramos al campo misionero en el extranjero, después de mucha oración tomamos la decisión radical de servir en el extranjero. Yo renuncié a mi trabajo como ingeniero químico y vendí todo: casas, carros y un camión lleno de cosas.

Con una emoción creciente y con un sentido de aventura, después de que se vendió la casa, Twany y yo buscamos en el periódico. Viviríamos donde sea en Omaha mientras nos preparábamos para irnos al extranjero.

Excepto las colonias marginadas. El norte de Omaha estaba prohibido, ni siquiera era una opción.

Trasladarnos a un país de tercer mundo era más atractivo que mudarnos a las colonias marginadas; un lugar deteriorado y sin esperanza. El norte de Omaha era demasiado inseguro para criar cinco hijos todos menores de cinco años.

Al parecer, Dios tenía algo distinto en mente.

EL TRAUMA DE LAS CUCARACHAS

Mudarnos a las colonias marginadas pasó por accidente. Los dueños de propiedades en las colonias residenciales estaban renuentes a rentarle a mi grande familia cuando se enteraban del poco tiempo que estaríamos ahí. La oportunidad de encontrar una casa en renta en las colonias más seguras de Omaha nunca se logró. Dios nos quería fuera de Velveetaville, pero Él tenía en mente un lugar más cercano que África.

Un hombre que conocí por medio de los alcances rurales de los que yo era líder, nos ofreció no pagar renta a cambio de arreglar el lugar y de sacar a unos inquilinos que estaban ilegalmente. El problema: la casa estaba en las colonias marginadas. En contra de nuestros deseos y nuestro buen juicio, nos mudamos a una casa de 200 metros cuadrados, dos recamaras y que estaba infestada de cucarachas.

Viniendo de un pueblito de Iowa, había visto la parte que me corresponde de vida salvaje, incluyendo roedores e insectos, pero nunca había experimentado cucarachas de esta forma. Su esqueleto café estaba en todos lados, cubría cada pared, piso y techo.

Antes de mudarnos, familiares y amigos nos ayudaron a preparar la casa, limpiando y exterminando las plagas. A pesar de nuestras medidas, parecía que las cucarachas solo se multiplicaban.

Las cucarachas se deslizaban por nuestra ropa, dormían en los cajones de nuestro guardarropa y se aparecían en todas las partes inimaginables. Para mi horror, mis hijos se entretenían contando el número de cucarachas que corrían por el piso del sótano. La plaga era sucia, asquerosa e indestructible.

Muchos exterminadores nos explicaron lo difícil que era eliminar nuestras cucarachas debido a la infestación de nuestros vecinos. No importaba qué hicieran los expertos, la plaga migraba de una casa a la otra. Nunca íbamos a poder estar libres de las cucarachas. Esta noticia me devastó. Las cucarachas estaban hasta en mis pesadillas. Me sentía un renuente participante de una película de terror con poco presupuesto.

La presencia de nuestra plaga me abrumó al punto de obsesión. Una noche en particular cuando mi familia llegaba a casa, yo corrí hacia adentro de la casa primero que todos, agarré un matamoscas, prendí la luz y empecé a matar cucarachas. Crujían debajo de mis pies y salpicaban en mi arma de plástico. Sus entrañas supurantes hicieron que me dieran ganas de vomitar.

No podía superarlas. Multitudes de cucarachas cubrían las paredes, la estufa, el lavabo, todo lo que alcanzaba a ver. En cuestión de segundos había matado 12, contarlas era una locura. El estrés del trauma de las cucarachas me puso al borde de una crisis mental.

Había fracasado en mi misión de matar todas las cucarachas de la casa de los Dotzler. Las cucarachas ganaron.

Esa noche cuando mi esposa y yo nos fuimos a acostar en el sofá cama en la sala, el problema de las cucarachas me abrumó y mi paciencia se agotó.

Mientras veía los ojos de mi esposa, exhausto y desesperado me di cuenta que intentamos todo menos orar. La idea fue adicional, algo que nunca consideré.

Nuestra oración fue simple pero llena de desesperación, Twany y yo no podíamos hacer nada. El problema de las cucarachas necesitaba intervención de Dios, sólo Él podía transformar nuestras condiciones miserables.

La mañana siguiente, no lo podía creer. La casa estaba libre de cucarachas. De hecho, nunca volvimos a ver una cucaracha en los dos años que vivimos ahí. Me quedé asombrado. Emoción y gratitud fluyeron de mi ser. Una oración simple y desesperada condujo a un milagro increíble. Cuando por fin me di por vencido, Dios apareció. De nuevo llamó mi atención probando que le importaba cada detalle de mi vida.

Desde muy joven fui independiente, es algo que tengo muy arraigado. Ser ingeniero requirió arduo trabajo y disciplina. Cuando me hice cristiano, me enfoqué al estudio de la Biblia con la misma determinación y firmeza; pero las incontables horas de estudios bíblicos y sermones nunca me prepararon para mi nuevo mundo.

La vida en otro planeta habría sido más fácil que la vida en las colonias marginadas. Yo no podía solucionar los problemas devastadores de pobreza y violencia; así como no pude solucionar el problema de las cucarachas. Necesitaba de Dios más que nunca.

LOS BLANCOS NO PUEDEN SER CRISTIANOS

Nuestra primera prioridad fue conocer a las personas en nuestra comunidad al servir en las iglesias locales. Si bien en nuestra iglesia en la colonia residencial Twany era una de las pocas Afroamericanas, ahora yo era la minoría en las iglesias de las colonias marginadas. Para mi sorpresa, una mujer afroamericana mayor en una iglesia Bautista, entre risas me dijo: "los blancos no pueden ser cristianos."

Su declaración me sorprendió hasta las entrañas. No podía creer lo que acababa de escuchar. ¿Cómo podía hacer un comentario tan generalizado? Tenía que ser una broma, era obvio que esta mujer pensaba que me dirigía al infierno.

Su declaración llamó mi atención, pero no dejaba de preguntarme si me había perdido el final del chiste.

Por primera vez no supe qué decir. En un tímido sentido de curiosidad y rechazo, me quedé callado y sonreí.

Pocos días después, otra mujer afroamericana dijo el mismo comentario. "Ron tu sabes, los blancos no pueden ser cristianos."

La misma brusquedad me sorprendió. De acuerdo a mi crianza, el ser franco y directo era considerado una falta de respeto. Sin embargo, la experiencia en la iglesia afroamericana estaba llena de un nivel de emoción que me abrió a una realidad emocional profunda en mi vida. Cuando empecé a dejar ir las inhibiciones y a expresar mis verdaderos sentimientos, descubrí un nuevo nivel de libertad.

Mi curiosidad me dio valentía. *¿Por qué estas mujeres sentían eso?* Con la mayor sensibilidad posible y con cierto nivel de miedo e intimidación, cambié la posibilidad de tensión racial y le pregunté a la mujer si podía hablar conmigo. Tenía que entender el significado detrás de sus palabras. Como ella explicaba, esta declaración era un entendimiento común en la comunidad afroamericana basado en experiencias verdaderas.

Una convicción profunda y una obvia pasión acentuaron sus creencias entretanto sus experiencias personales consolidaron su postura. De manera expresiva me contó que creció en pobreza, cada noche cuando era niña, su mamá le leía la Biblia antes de dormir.

De estos recuerdos de su niñez hasta su participación regular en la iglesia, esta mujer había escuchado con gran claridad lo que la Biblia decía sobre cómo los cristianos trataban a los pobres y a los necesitados. Ella recordaba que familias blancas se mudaron de la colonia cuando ellos llegaron a vivir ahí. Estas experiencias que estaban profundamente arraigadas en su mente y corazón, determinaron sus creencias.

En 52 años, esta mujer nunca había visto a una persona blanca venir a su comunidad en las colonias marginadas a ayudar en su necesidad. "Unos vienen, otros van o solo pasan por aquí, pero nunca vivirían en mi comunidad." En realidad, desafié su forma de pensar pues yo estaba sirviendo junto a ella, siendo la primera persona blanca que conoce que en verdad estaba viviendo y se estaba involucrando en su comunidad.

¿EN VERDAD ERA CRISTIANO?

Entre más me describían sus experiencias, ella y otras afroamericanas más, cuestionaba mi cristianismo. *¿Mis acciones respaldaban mis creencias? ¿Qué evidencias respaldaban mi identidad en Cristo? ¿Era verdaderamente un cristiano?*

Yo creía que tenía las verdaderas creencias acerca de Dios, pero tenía que estar de acuerdo con estas mujeres. Con una mirada honesta a mi vida me di cuenta que no había vivido mi fe de forma real. No es de extrañar que pensaran que las personas blancas no podían ser cristianos. Como un todo, yo, como persona blanca sentada en la iglesia, tenía mucho qué decir, pero muy pocos hechos o acciones.

Al parecer, el salón de clases favorito de Dios estaba más allá de los límites del santuario y más allá del salón de escuela dominical. Experimentar una relación personal con Jesús era solo el primer paso. Por medio de la diversidad racial y de la vida en las colonias marginadas, Dios estaba llamando mi atención en formas que nunca me esperé. Si sus lecciones vinieran enumeradas en puntos, los siguientes se hicieron una realidad en mi vida.

- Mi perspectiva del cristianismo estaba distorsionada e incompleta.

- Yo era prejuicioso. Mis experiencias me habían moldeado.

- Era muy independiente y egocéntrico.

- En realidad, no estaba viviendo mi fe. Tenía mucho qué decir y muy pocas acciones respaldaban mis creencias.

- Dios llamó mi atención, porque necesitaba cambiar.

Era hora de la verdadera prueba. Ahora que Dios tenía mi atención. Él quería mi afecto. ¿Amaría a mis nuevos vecinos, sin importar el costo?

CUANDO DIOS ATRAPA NUESTRO **AFECTO**

CAPÍTULO

4

LA ORACIÓN CASI ME MATA

ROGÁNDOLE A DIOS POR MI VIDA

Era hombre muerto.

Había venido a orar por las colonias marginadas y en un giro irónico, le estaba rogando a Dios por mi vida. El joven estaba parado muy cerca de mí, llevó su mano al bolsillo en busca de un arma; mi corazón se aceleró en pánico. No podía esquivar una bala.

"Dios ayúdame."

Los segundos corrían, parecía una eternidad. Permanecí en la esquina de la calle 30 y Ames mientras el mundo a mi alrededor se paralizó. Los últimos momentos de mi vida corrieron en mi mente como una tortura agonizante.

Cada fibra de mi ser clamaba por ayuda mientras el joven buscaba el arma en su bolsillo. "Por favor sálvame Dios."

Una voz irrumpió mi pánico. "Ron, no vas a morir." La mínima pausa se sintió como la música de suspenso que ponen en las películas. "Hasta que acabe contigo."

Me inundé de paz. Dios tenía un plan para mi vida.

El joven estaba frustrado al no encontrar lo que buscaba; sacó la mano del bolsillo y se quedó mirando sin poder creerlo, su mano estaba vacía.

No lo podía creer, sin decir ni una palabra, simplemente se fue. Se acabó la confrontación; cansancio, alivio y gratitud me sobrecogieron.

No moriría hasta que Dios terminara conmigo.

Esta revelación me afectó, despertándome al poder de Dios sobre mi vida. La verdadera seguridad estaba solo en las manos de Jesús.

Por medio de este cercano enfrentamiento con la muerte, clamé a Dios y Él contestó mi oración. Este encuentro me llevó a un nuevo nivel de dependencia y sumisión en mi relación con Jesucristo. Este entendimiento me impulsó a ir más allá y a vivir mi vida con pasión y propósito.

Ninguna cantidad de enseñanzas en un salón o predicación de domingo en la mañana me hubiera impactado como lo hizo esta experiencia. Mi desesperación mostró mi dependencia de Dios. Lo necesitaba como nunca antes. Dios nos moldea para ser las personas que Él desea que seamos por medio de experiencias "fuera de los asientos" en los entornos desconocidos e incómodos donde necesitamos a Dios.

Esta experiencia me recordó a una conversación que tuve con un pastor amigo mío de México; le pregunté qué pensaba de los Cristianos Estadounidenses, su respuesta me sorprendió. "Ustedes los cristianos en Estados Unidos, no tienen necesidad de Dios porque piensan que pueden hacer todo por su propia cuenta."

Wow. Qué declaración.

Sus palabras me impactaron mientras Dios usaba mi nueva colonia para revelar mi tendencia al egocentrismo y la autosuficiencia. Pese a que yo me imaginaba a Dios usándome para transformar el quebranto de las colonias marginadas, en realidad Dios estaba usando el quebranto de las colonias marginadas para transformarme a mí. No solo tenía mi atención, Él estaba obteniendo mi afecto.

CUANDO DIOS ESTÁ CÓMODO

Mi incomodidad no sólo despertó mi dependencia de Dios, me enseñó que Dios está cómodo cuando yo estoy incómodo. Estar en lugares incómodos aumentó mi confianza en Dios. Tenía que confiar en Él, en lugar de en mí mismo, algo que me hizo estar demasiado incómodo; pero hizo que Dios estuviera muy cómodo. Necesité que Jesús se mostrara en maneras que nunca consideré necesarias.

Apoyarme en las habilidades sobrenaturales de Cristo significaba admitir mis propias incapacidades.

Mi desesperación me colocó exactamente donde Dios me quería. Esforzarme por vivir una vida cristiana no era suficiente. Mi independencia no permitía que Dios trabajara. Necesitaba hacerme a un lado y confiar en que Él abriría camino en situaciones que parecían imposibles. Como Juan el Bautista dijo en Juan 3:30 "Es necesario que él crezca, pero que yo mengüe" (RVR1960) La intersección de la fe y la dependencia de Dios en verdad es el lugar de los milagros.

No podía controlar el día de mi muerte, pero sí puedo controlar para quién vivo y la manera en la que vivo. Escoger a Jesús significó aceptar dos realidades: no sólo "morir para Cristo" sino también "vivir para Cristo".

El costo de la comodidad temporal no valía la pena. Vivir con incomodidad con la posibilidad de estar disponible para que Dios me usara era fe verdadera. Vivir en la comodidad de mi autosuficiencia dejaba afuera el poder de Jesús. Vivir incómodamente traería transformación real.

Las colonias marginadas destrozaron mi corazón. La primera vez que vi a mis vecinos de en frente, un hombre salió corriendo de la casa gritando y cargando un machete mientras otro hombre lo perseguía con un trinche. La policía visitó a mis nuevos vecinos más veces en una semana que lo que yo los vi en todos mis años viviendo en la colonia residencial. En una extraña combinación, una infinidad de drogadictos, prostitutas y pandilleros vivían a lado de trabajadores, empleados de guarderías y maestros que conformaban mi cuadra.

La disfunción en mi colonia era algo que nunca había experimentado. Los constantes disparos, crimen, violencia y pobreza tomaron un nuevo sentido cuando empecé a conocer a mis vecinos.

El Norte de Omaha ya no era una comunidad sin rostro de la que leía en el periódico. La conmoción diaria me abrió los ojos al dolor que Dios sentía y aumentó mi empatía. Dios fue más allá de llamar mi atención a obtener mi afecto por mis lastimados vecinos.

CUBIERTO DE SANGRE

Un conocido traficante de drogas llamado Markus vivía en la casa de a lado. No quería saber nada de Dios la primera vez que nos conocimos, así que hablábamos de otros temas hasta ya pasada la media noche.

Dos días después nuestra familia regresó tarde luego de visitar a un amigo. Después de llevar a los niños a dormir en las recamaras, Twany y yo sacamos el sofá cama en la sala, la cual se convertía en nuestra recamara en la noche.

Un golpe en la puerta me sobresaltó. Me dirigí a la puerta principal lleno de ansiedad. Sin luz en el porche o una mirilla, no podía ver quién estaba afuera de nuestra casa.

"Mi amor, ora" le dije a Twany.

Abría la puerta lentamente, parpadeé en incredulidad. Mi vecino traficante de drogas estaba parado enfrente de mí, cubierto de sangre.

El miedo hizo que mi voz se quebrara. "¿Qué está pasando Markus?"

"Ron, tú eres el único amigo que tengo en el mundo".

No supe qué me impactó más: la circunstancia o la declaración. Nos acabábamos de conocer; desde luego no podía ser su único amigo en el mundo.

"¿Podrías venir?" Markus preguntó "Necesito hablar contigo antes de matarme".

Sus palabras me dejaron al filo de incredulidad y shock. La cómoda vida que alguna vez viví estaba muy lejana del caos que atormentaba a mis vecinos.

¿Qué haría Jesús? La frase sobresalía de los otros pensamientos de violencia y crimen.

"Déjame cambiarme y voy".

La increíble desesperación y desesperanza del joven me puso a prueba. Necesitaba ayudar, pero no tenía ni idea de qué hacer. *¿En qué estaba pensando?*

Me cambié de ropa y le expliqué la situación a Twany. Antes de irme le repetí mi petición: "Mi amor, ora".

La agitación se veía en mis ojos al acercarme a la casa de Markus. Los rastros de una pelea doméstica estaban por todos lados; el piso estaba cubierto de vidrios, el parabrisas del carro de su novia estaba destrozado junto con varias ventanas de la casa, la puerta principal estaba arrancada de sus bisagras, ropa rasgada y muebles rotos cubrían el patio de enfrente, el lugar era un desastre.

Dentro de la casa, pude evitar pisar vidrios rotos y piezas de la cuna del bebé; Markus se sentó en lo que quedaba de un viejo sillón cubriendo su cara con sus manos sangradas, la sangre cubría su pálida piel como pintura de guerra y su largo fleco estaba apelmazado.

"¿Qué está pasando?" Me senté junto a él.

"Mi novia y yo nos peleamos" Markus exhaló. "Ella se fue y necesitas saber algunas cosas antes de que me mate"

UNA CONVERSACION DE VIDA O MUERTE

Sus palabras resonaban en mi mente, nunca había hablado con alguien tan desesperado. *¿Por qué alguien escogería la muerte? ¿No todos tenían la oportunidad de mejorar las circunstancias de su vida? ¿Qué hay de la esperanza?*

No sabía qué hacer o decir. Estuve disponible, pero mi zona de confort se había acabado.

"Dios tiene un plan maravilloso para tu vida" interrumpí a Markus cuando empezó a enlistar las razones por las que necesitaba suicidarse. "Matarte no es la solución".

No sabía qué más decir; por lo tanto, le pregunté si podía orar por él.

"Está bien" refunfuñó.

Puse mi brazo alrededor de él y le ofrecí a Dios una oración urgente y sincera.

Cuando terminé de orar Markus siguió donde se había quedado, diciendo que le hiciera saber a su novia que tenía un arma guardada entre los colchones. Él quería que yo hablara con ella y con sus padres después de que se matara.

"Dios tiene un plan para tu vida" le repetí lo mismo que antes, "Matarte no es la solución"

No sabía qué más decir, le pregunté si podía volver a orar por él.

Su semblante se ablandó, esta vez lágrimas corrieron por su rostro mientras yo oraba por él.

Markus dejó de llorar después de unos minutos. "Tienes toda la razón, el suicidio no es la solución". Parecía que se acababa de dar cuenta de la casa desordenada. "Wow, ¿y ahora qué debemos hacer?"

Seguí su mirada. "Para empezar, vamos a limpiar".

Después de ayudar a Markus, me llegó el cansancio y me fui a mi casa a descansar; dos horas después un toque frenético en la puerta de atrás me asustó por segunda vez. Eran las 2 de la mañana, miré la cara de Twany y repetí la desesperada oración que se había vuelto mi salvavidas, "mi amor, ora".

Markus estaba parado en la puerta otra vez, se metió intempestivamente y cerró la puerta de inmediato; sustituyó la playera manchada de sangre por una limpia.

"¿Puedo dormir en tu sótano?" preguntó entre respiros agitados; sus pupilas dilatadas iban y venían mostrando pánico.

Sorprendido por su petición, sólo podía pensar en qué haría Jesús. Lo acompañé a la puerta del sótano y regresé a decirle a mi esposa de nuestro invitado.

"¿Estás loco?" Me miró sorprendida "¡Nos puede matar!"

Luego de una profunda discusión y mucha oración, decidimos confiar en la protección de Dios.

Después de unos momentos Markus gritó algo que no se entendía desde el sótano; me tardé unos minutos en entender que quería que hablara con unas personas que estaban afuera.

CUCHILLOS Y PISTOLAS

Abrí la puerta y se me salieron los ojos, una multitud rodeaba mi casa; la luz de los policías resplandecía y las brillantes luces de emergencia alumbraban la colonia.

Parpadeé anonadado, todo estaba pasando afuera de mi casa y yo no tenía ni idea.

Cuando se dieron cuenta de mi presencia, los policías apuntaron sus linternas hacia mí. "¿Qué es lo que quiere?"

Aclaré mi garganta. "La persona que buscan está en mi sótano, saldrá pronto".

Se escuchó el murmullo de la multitud cuando los policías se preparaban para la confrontación. Al parecer Markus y la novia con la que vivía se pelearon y ella regresó con varios amigos armados con cuchillos y pistolas. Cuando Markus vio las armas, saltó de la ventana de su recamará y se dirigió a nuestra puerta trasera.

Markus salió con aparente descaro, lo cual ocultaba al hombre quebrantado listo para suicidarse de horas antes. Maldijo a su novia y ella respondió con una cantidad de groserías, los dos iban y venían diciéndose cosas hasta que la policía intervino y terminó la discusión.

Un policía se acercó, lo cual inquietó más a Markus, empujó al policía y le escupió en la cara; me sorprendí y me dio vergüenza, nunca había visto a nadie comportarse con tanta falta de respeto hacia un policía.

"Vas a la cárcel" Otro policía se acercó y esposó a mi vecino, su compañero empujó a Markus a la patrulla.

"Se acabó la fiesta" gritó el primer policía. "Cada quien a su casa"

La multitud se dispersó cuando se acabó la conmoción, yo me quedé ahí parado en mi pijama de franela, asombrado de lo que había pasado.

La mañana siguiente después de dormir muy poco, sonó el teléfono, Markus podía salir de la cárcel si pasaba su arresto domiciliario conmigo mientras la policía terminaba la investigación.

Twany y yo teníamos nuestras dudas, pero nuevamente me pregunté, ¿qué haría Jesús?, si Markus se comprometía a un estudio bíblico diario, oración y a limitaciones sanas con su novia, yo accedería al arreglo. Dentro de pocas horas la policía trajo a mi vecino con una pulsera de monitoreo en su tobillo.

Imagina a cinco niños pequeños, Twany, yo y nuestro vecino vendedor de drogas viviendo juntos en una pequeña casa; solo Dios podía ayudarnos a adaptarnos al estudiar juntos la Biblia.

La colonia se dio cuenta, nadie podía negar el cambio en Markus; a pesar de la ingenuidad y la incertidumbre, el amor incondicional de Dios fluyó a través de mí y de mi familia de maneras simples y dio como resultado un cambio radical.

TOCARON LA PUERTA, OTRA VEZ

Una semana después otro toque en la puerta me hizo levantarme de mi cama; un jovencito delgado que vivía cruzando la calle estaba frente a mí con lágrimas en sus ojos.

"Hace unos minutos me apunté a la cabeza con una escopeta" su voz se quebró por la emoción. "Cuando estaba a punto de disparar, una voz desconocida me dijo que fuera con el hombre de la calle de enfrente".

El jovencito buscó mi rostro. "La voz dijo que hablara con usted, porque usted conoce a Dios"

Lo invité a pasar.

"He visto el cambio en la vida del hombre que vive en el sótano; quiero lo mismo para mi vida".

Jake me contó que había huido de la casa después de que murió su papá, ahora de 20 años, había sobrevivido en las calles por 6 años; al vivir con su novia y su hermana estaba expuesto a drogas, prostitución y a disfuncionalidad.

Jake quería saber de Jesús, le expliqué cómo el hijo de Dios había llevado nuestro castigo cuando murió en la cruz, Jake quería rendir su vida a Jesús y oramos.

Cuando Markus dejó de vivir con nosotros, porque la policía no presentó cargos, Jake me preguntó si podía vivir con nosotros.

"Quiero hacer las cosas bien con mi novia" me explicó. "Como Dios dice en la Biblia".

¿Qué podía decir?

Jake se mudó a la recamara improvisada en nuestro sótano que se hacía privada con cortinas colgadas del techo. Mientras fui su mentor en el transcurso del siguiente año, Dios trabajó poderosamente en su vida y a nosotros nos cimentó en la comunidad del Norte de Omaha.

Mi corazón se encendió como nunca antes esa sangrienta noche de sábado cuando Markus tocó a mi puerta. Estaba en territorio desconocido, deshecho por completo y Dios tenía mi completa atención y afecto.

Le dije a Markus que Dios tenía un plan para su vida; pero siendo honesto, yo no sabía los planes de Dios para mis propios días sobre la tierra. Un vistazo honesto hacia la muerte me forzó a pensar en mi presente y en mi futuro, aunque nunca había caído en la desesperanza, nunca tuve un propósito claro.

Al luchar con mi propia mortalidad, ya no estaba satisfecho con mi propio sentido de falta de propósito; no podía quedarme sentando esperando que un proyecto cayera en mi regazo, tenía que hacer algo; me determiné en descubrir qué era lo que Dios quería para mi vida.

En el libro de Efesios, Pablo escribió que no quería vivir en ignorancia, quería hacer lo que Dios le pidiera que hiciera. Descubrir mi propósito único de repente fue un asunto de vida o muerte para los que estaban a mí alrededor. El plan de Dios era más que personal; Su plan tenía un propósito, un propósito que yo estaba desesperado por descubrir.

YO NO ERA LA OPCION #1 DE DIOS

Desde que nos mudamos a las colonias marginadas muchas veces he sido tentado a regresar a un lugar más seguro, de comodidad y facilidad, pero ahora sabía que no me podía ir; Dios quería que amara a mi vecino, Él rescató a

Markus a pesar de mi incapacidad. *¿Qué tal si no hubiera obedecido al llamado oportuno del Espíritu Santo? ¿Qué tal si no entendí el propósito de Dios para mí de amar a mis vecinos?*

Estoy seguro que yo fui la última opción de Dios para dirigir una misión en las colonias marginadas; de hecho, es probable que ni siquiera haya llegado a los primeros diez. Tenía miedo, estaba abrumado y no conocía mi nuevo entorno. *¿Cómo un ingenuo muchacho blanco de Iowa podría ser usado para hacer la diferencia?*

Pero mientras Dios me diera tiempo en la tierra yo le quería dar mi afecto; por lo tanto, le dije "Sí" a Dios y me convertí en su opción #1. Este afecto encendió una pasión que me impulsaba a rendirme por completo a Sus planes para mi vida y a experimentar una nueva intensidad de amor por las personas.

Experiencias que transforman vidas y entornos que cambian vidas nos esperan si simplemente nos comprometemos a involucrarnos con nuestra ciudad.

Jesús dijo: "amen a su prójimo", y eso es lo que hacemos. El Norte de Omaha era exactamente donde Dios nos quería a mi familia y a mí.

5

ASESINATO EN LA CASA DE AL LADO

TRAGEDIA, TRAUMA Y HORROR

Twany y yo fundamos ABIDE en el Norte de Omaha en Abril de 1989 con la misión de levantar a las personas de sus asientos e ir a las calles para hacer la diferencia en nuestra ciudad. Nuestro enfoque original era en tres vertientes: liderazgo, misiones y unidad. Empecé a liderar equipos de trabajo en las colonias residenciales para ayudar a las iglesias de las colonias marginadas, consulté con líderes y pastores, incluyendo a muchos del Norte de Omaha, para abrazar la visión de las misiones.

Dios siguió consiguiendo mi afecto a través de mis experiencias diarias; mi corazón se preocupaba especialmente por los niños, la violencia diaria deja estragos en los niños, robándoles la inocencia y provocando cicatrices emocionales similares a las que experimentan los soldados en batalla. En un esfuerzo por entender el horror, leí lo que algunos niños compartieron. Sus experiencias de primera mano me desgarraron por dentro:

- "Vi a mi madre apuñalar a mi padre con un cuchillo y matarlo. La metieron a la cárcel, él estaba muerto. No tenía a nadie, veo un cuchillo en mis sueños todas las noches".

- "Matan a alguien todos los días, me meto a la casa y me voy debajo de la cama y salgo después de que se acaban los disparos".

- "Es como si la violencia se acercara cada vez más, no salimos mucho".

- "Apuñalaron a mi papá cuando salió de la cárcel y a mi tío le dispararon en una pelea, había una cubeta con su sangre. Mataron a dos de mis tías y a una la aventaron en la carretera y tenía gusanos sobre ella".

- "Mataron a mi papá mientras yo veía y se quedaron con el cuerpo por mucho tiempo y amenazaron con matarme a mi también".

La presión empezó a incrementarse con los años hasta que empecé a cuestionarme si estaba malinterpretando el propósito de Dios para mi vida.

ASESINATO

En marzo de 1993, casi exactamente cuatro años después de empezar ABIDE, regresé a nuestra calle a las once de la noche, las luces policiacas aceleraron mi corazón; una cinta amarilla de crimen rodeaba la casa que estaba al lado de la nuestra, una multitud de gente bloqueaba mi camino.

"Vamos a acostar a los niños y averiguaré qué está pasando". Le dije a Twany, mientras me acercaba a la entrada de nuestra casa, la cual estaba bloqueada de forma parcial debido a la investigación.

Sombras oscurecieron las caras de los que estaban a mi alrededor al hacer camino por en medio de la multitud de gente. Una sensación inquietante hizo que se me erizara la piel.

"¿Qué pasó?" Mi voz titubeó cuando vi los ojos hinchados de una vecina a la que reconocí.

Rompió en llanto. "Asesinaron a Chloe y a Carissa".

"¿Qué?" tartamudeé, seguro de que despertaría de esta pesadilla. Chloe y Carissa eran amigas de mis hijas Kiesha y Coco, prácticamente vivían en nuestra casa y por lo regular iban al estudio bíblico con nosotros.

"Encontraron a Chloe en el sótano", solloző, "El cuerpo de Carissa lo dejaron en el callejón abandonado atrás de tu casa, a ambas les dispararon en la cabeza".

Mis piernas temblaban, el horror hizo que me dieran ganas de vomitar; se me vinieron muchas memorias a la cabeza, podía escuchar a las niñas cantar junto con mis hijos mientras yo aprendía a tocar la guitarra, mi falta de talento no detenía nuestra diversión. Esto no podía estar pasando, Chloe y Carissa no podían haberse ido.

Las siguientes horas pasaron en medio de conversaciones surrealistas con policías y reporteros. Al fin regresé a casa a las primeras horas de la mañana, las luces policiacas continuaban moviéndose afuera de mi ventana debido a que la investigación seguía.

Las lágrimas llegaron cuando pensé en los pequeños cuerpos llevados en camillas; mis propios hijos estaban profundamente dormidos en su cama, sin saber del horrible asesinato de sus amigas y que el sospechoso aún estaba prófugo.

Le llamé a un muy buen amigo y me angustié por qué hacer, nuestra familia y amigos nos habían expresado su preocupación por nuestra seguridad antes, ahora nos rogarían que nos fuéramos de las colonias marginadas y regresáramos a la colonia residencial y al campo lucrativo de la ingeniería.

No podía discutir, mis propias dudas salieron a la luz; los impactantes problemas de crimen y violencia de pandillas me agobiaron. Me habían robado un carro y el otro se echó a perder cuando unos pandilleros le pusieron azúcar al motor. *¿Valía la pena poner a nuestra familia en peligro por el trabajo que hacíamos en las colonias marginadas? ¿En* *verdad podíamos hacer una diferencia en las vidas? ¿Era hora de renunciar?*

EL LUGAR MÁS PELIGROSO PARA VIVIR

En el silencio antes del amanecer, sentí a Dios empezando a hablar, en medio de mi duda, miedo y confusión, lo escuché hacerme una serie de preguntas.

Ron, ¿te acuerdas de la vecina de enfrente? ¿La que se ve de 60 aunque en realidad tiene 28?

Pensé en la joven con la expresión ausente, sus ojos hundidos se encontraban con los míos cada vez que trababa de entablar una conversación con ella. Las drogas y la prostitución le habían robado su juventud.

¿Se puede ir ella de esta comunidad?

"Pues, no Señor, no puede".

¿Qué hay de tu vecino, el que viene a tocar la puerta pidiendo su siguiente solución? Ha sido adicto a las drogas por tanto tiempo que su mente está prácticamente ida.

Exhalé, este hombre apenas podía ordenar un pensamiento coherente.

Ron, ¿Puede él irse de esta comunidad?

"No" Sacudí la cabeza, sabía que la pobreza, las adicciones y las circunstancias lo habían atrapado.

Ron, ¿y qué hay de la niña de la calle de enfrente? Sabes que ha sido acosada sexualmente por lo menos tres veces. Trataste de involucrar a la policía pero dijeron que no había suficiente evidencia.

Me dolió el corazón al pensar en la dulce niña de 8 años atrapada en la casa donde abusaban de ella. La injusticia me hizo querer gritar.

¿Puede irse de esta comunidad esta niña víctima de abuso?

Por tercera vez mi respuesta fue negativa.

Sentí que Dios me vio directamente a los ojos. *Entonces tú tampoco Ron.*

El latido del corazón de Dios entrelazó el mío. Ese día, Él consiguió mi afecto por completo. Decidí quedarme en el Norte de Omaha, sabiendo que la vida no sería fácil, Dios me recordó que el lugar más peligroso para vivir no eran las colonias marginadas, sino vivir fuera del centro de Su voluntad.

DOS FÉRETROS PEQUEÑOS

Explicar el asesinato a nuestros hijos el siguiente día me dejó destrozado emocionalmente. Esperaba que en cualquier momento Chloe y Carissa aparecieran en la entrada de la casa pidiendo jugar; habían planeado ir a las Olimpiadas del Club Bíblico con mis hijas esa mañana.

Una sola lágrima rodó por la cara de Coco cuando le dije que Chloe y Carissa estaban en el cielo con Jesús; ella y Keisha batallaron para entender, yo quería escatimar en detalles sobre el asesinato.

"Las amo" las abracé fuerte, agradecido por sus vidas y entristecido una vez más por la trágica pérdida de sus amigas.

No sabía cómo iba a lograr estar en el funeral. El dolor apuñaló mi corazón cuando vi los cuerpos sin vida en los dos féretros pequeños. Pecas cubrían la cara de Carissa y los labios de Chloe formaban una sonrisa, rosas rojas alineadas a los lados, notas escritas con crayolas estaban sobre sus vestidos azules, su mamá quería que yo hablara en el funeral, sin embargo, ¿qué podía decir?

Sabía que los cuerpos de las niñas eran maletas que guardaban su espíritu y alma, pero ver la finalidad de la vida me afectó. Las emociones me sobrecogieron.

¿Ron? Escuché a Dios hablándome. *¿Podrías dar tu vida por esta comunidad para que la vida de otros niños no sea acabada por la violencia?*

Dios estaba pidiendo una nueva intensidad de entrega. Vi a mis hijos sentados en la banca de la iglesia, sus cabezas descendiendo como escalones de una escalera y supe mi respuesta.

Estar en el centro de la voluntad de Dios nunca es fácil, pero siempre es gratificante. Una mayor parte de mi vida no estuve alrededor de personas que pasaban por dificultades lo suficiente como para que despertara una pasión más allá de mis propios hijos y familia. Vivir en las colonias marginadas me hizo enfrentar las feas realidades cada día. Yo invité a Jesús a mi corazón como nuevo creyente, pero ahora Jesús me estaba invitando a Su corazón; lo que rompía el corazón de Dios ahora rompía el mío.

Ver los cuerpos sin vida de mis vecinas me hizo enojar; la injusticia ocasionó una inconformidad santa, la cual despertó una profunda pasión. Me dolía el corazón por el vacío y la injusticia a mi alrededor.

No podía regresar a mi vida en Velveetaville como si no hubiera pasado nada; muchos niños como Carissa y Chloe habían perdido sus vidas en tragedias absurdas, no tenía opción. Daría mi vida por mis vecinos.

EL CORAZÓN DEL CRISTIANISMO

EL ESTILO DE VIDA DE UN SEGUIDOR DE CRISTO

Nunca había pensado en el cristianismo en términos de *estilo de vida* hasta que Dios consiguió mi afecto, antes de que me diera Su amor por otros yo creía que el cristianismo era más de tener convicciones y creencias profundas.

Calculaba mi crecimiento como cristiano por la cantidad de tiempo que pasaba estudiando la Palabra pero entre más iba a la iglesia más cómodo me sentía. El conocimiento que estaba en mi cabeza casi nunca se convertía en conocimiento del corazón; entre más religioso me volvía, menos me relacionaba y menos necesitaba a Dios. Lentamente me empecé a dar cuenta que mi versión de cristianismo estaba incompleta.

Vivía enfocado en tener las creencias adecuadas para ser verdaderamente cristiano. Mi desarrollo académico y mis antecedentes como ingeniero químico me inclinaban hacia el conocimiento y entendimiento, me consideraba alguien que tomaba riesgos al defender mis creencias y debatir entre el bien y el mal; pero descubrí que la definición de Dios se veía diferente. La fe arriesgada era un *estilo de vida* de relación que atraía a las personas a los brazos de Jesús. Este tipo de fe no existía en mí.

Brutalmente honesto; pero cierto.

Mi calendario y mi chequera mostraban mi valor, vivía como mis vecinos inconversos. Misma casa, mismos carros, mismas vacaciones, mismas compras; la única excepción era mi asistencia a la iglesia y clases de estudio bíblico. Podía afirmar los dogmas de mi fe, pero mis vecinos no podían confirmar que Jesús había cambiado mi vida radicalmente.

DOS PARTES DEL CRISTIANISMO

Me sentía sofocado por Velveetaville hasta que Dios me trajo a las colonias marginadas. Así como la vida física se mantiene cuando inhalamos y exhalamos, lo mismo es en el cristianismo. Ezequiel 37:10 dice: "El aliento de vida entró en ellos; entonces revivieron." (NVI) Hasta que Dios sacudió mi mundo, no me había dado cuenta que el cristianismo incluía dos partes: una relación personal y una relación con propósito con Jesús.

Mi sofocación vino porque sólo una dimensión de mi fe estaba funcionando. A través de mi relación personal con Jesús recibí; pero no compartí mi vida con otros mediante una relación con propósito con Jesús. Ambas eran esenciales en mi vida espiritual. Por un lado, tenía que *atender* mi relación con Jesús y por otro lado tenía que *extender* mi vida por los demás.

Mientras Dios despertaba mi afecto por mis vecinos, el quebranto y las dificultades que vi me transformaron y me hicieron actuar. Similar a Jeremías 20:9, la pasión avivó "un fuego ardiente metido en mis huesos" impulsándome con fuerza que no podía entender. (RV60)

Mi fe cambió de personal a práctica cuando Dios quebrantó mi corazón y consiguió mi atención. Él me movió más allá de mis creencias a un estilo de vida transformado.

Vivir en las colonias marginadas me desafió a respaldar mis creencias con acciones. Permitirle a Jesús invitarme a su corazón me llevó a un lugar de vulnerabilidad y disponibilidad que añadió satisfacción y propósito a mi vida. Las verdades que entendía del cristianismo estaban siendo cada vez más transformadas en algo mucho más poderoso de lo que yo sabía. Este cambio interior se manifestó en un cambio externo.

VIVIR PARA ACTUAR, MORIR AL TEMOR

Cuando Dios encendió mi afecto, me dio un nuevo amor por mis vecinos. Ya no me quedaba en silencio señalando los problemas de las colonias marginadas; cuando empecé a conocer a mis vecinos, el quebranto y la desesperanza desgarraron mi corazón.

Entre más vivía para actuar, más moría al temor. Familiares y amigos se preocupaban por nuestra seguridad, pero el amor dominó y el miedo ya no me limitaba. Tenía un dilema: enfocarme en el enemigo y buscar el peligro en cada esquina o buscar a mi Salvador y confiar en Su protección para mí y para mi familia. Dios tenía mi afecto por completo y Su amor superó mis temores y me llenó con una profunda compasión por mis vecinos.

En el libro de Lucas, Jesús dijo que el segundo más grande mandamiento después de amar a Dios era amar a nuestro prójimo. Un experto en la ley trató de encontrar una escapatoria, así que cuestionó a Jesús, "¿Quién es mi prójimo?"

Jesús contestó compartiendo la historia de un samaritano, un sacerdote y un levita que se encontraron con un hombre que estaba golpeado y le habían robado. El sacerdote no se quiso involucrar y el levita evitó al hombre y mantuvo su distancia; ambos líderes religiosos fueron apáticos con el hombre herido.

Sin embargo, la compasión movió al Samaritano, el estar enfocado en sí mismo no lo cegó a las necesidades de otros, pospuso sus planes en vez de dejar que las ocupaciones lo distrajeran. El samaritano aceptó el costo y sacrificó lo que tenía para ayudar a su prójimo. Jesús le dijo al experto en la ley que mostrara la misma misericordia.

Si el crimen y la violencia oscurecieron el mundo, la iglesia (yo) tenía que brillar más; si yo me rehusaba a involucrarme en las colonias marginadas y escogía la apatía y evitaba esto, la oscuridad prevalecería.

La oscuridad es la ausencia de la luz, por lo tanto, no hay esperanza a menos que la luz brille. La oscuridad nunca invade la luz, la luz siempre disipa la oscuridad.

Mis vecinos necesitaban la esperanza que había en mi. La oscuridad a mi alrededor se llenaría de resplandor si yo como luz me hacia presente. Hacerme presente significaba levantarme de mi asiento e ir a las calles.

VIVIR CON INTENCIÓN VS ACCIDENTALMENTE

Anhelaba que mi vida importara, sin embargo, muchas veces me encontraba sólo siguiendo la rutina y perdiéndome de la vida abundante. Vivía una vida de manera accidental en vez de vivir con propósito, de manera intencional. No importaba qué tanto estudiara la Biblia, mi vida no se veía diferente a la de los que estaban a mi alrededor.

Me imaginaba estar frente a Dios explicándole por qué mi vida no tenía importancia. Yo no había sido un accidente, pero era muy sencillo vivir de manera accidental. Necesitaba rendirme a Sus planes; hacer lo contrario sería vivir lleno de remordimiento y de sueños no cumplidos.

Vivir en las colonias marginadas me mostró que la primera clave para vivir con intención era reconocer el corazón de Dios por los quebrantados. Continuamente Él usó personas y circunstancias para sacarme de lo temporal y volver a enfocarme en lo eterno. A través de este proceso continuo, Dios trajo claridad a mi vida y me impulsó a vivir diferente, lleno de su presencia, su pasión, propósito y poder.

La segunda clave era permitir que la incomodidad y las interrupciones invadieran mi vida, sin importar qué tan inconvenientes o irritantes fueran. Viniendo de la colonia residencial de su comodidad predecible, muchas veces lidié con las interrupciones de Dios, en especial cuando llegaban después de medianoche.

INTERRUPCIONES

Frankie llegó a mi casa a las 2 de la mañana, drogado y borracho, con una caja de cerveza en sus manos.

"Se está acostando con alguien", Frankie balbuceó estas palabras con dificultad.

Me limpié los ojos y miré al hombre derrotado que estaba en mi puerta. El antiguo Ron quería mandarlo a su casa y regresar a la cama con mi esposa. De todos modos, *¿qué podía hacer a esta hora?* Había estado ayudando a Frankie y a su esposa por varias semanas, *¿No podíamos hablar al otro día después de una noche de sueño?*

Frankie se tambaleó derrumbando mi tensión interna. No podía mandarlo a su casa, sería un blanco fácil deambulando por las calles a esta hora.

"Pásate" lo ayudé a ponerse derecho. "Puedes quedarte en la cama de mi hijo"

La mañana siguiente, Frankie y yo hablamos, yo no podía resolver sus problemas maritales, pero le hablé de aquél que sí podía. A pesar de la interrupción nocturna, estaba agradecido de que Frankie haya visto esperanza en mí y que quisiera lo mismo para su vida.

Las interrupciones pueden sentirse como descarrilamientos en su momento, pero Dios siempre tiene algo más grande en mente. Las Escrituras están llenas de relatos donde Dios trajo revelación a las personas y su seguimiento intencional dio como resultado un cambio eterno. Dios interrumpió la vida de Moisés y salvó a Israel. Dios interrumpió la vida de la Reina Ester y salvó a los judíos. Dios interrumpió la vida de

Pablo e impulsó el evangelio más allá de la nación judía. El amor a las personas siempre es la raíz de las interrupciones de Dios.

El amor cuesta, pero cuando Dios toma nuestro afecto, el costo disminuye en vista a la eternidad. Como en la parábola en la Biblia del mercader que vendió todo para comprar una perla de gran valor, yo estaba dispuesto a pagar el precio. Dios consiguió mi afecto para mis vecinos de las colonias marginadas y me enseñó que:

- No moriría hasta que Jesús terminara conmigo.
- Dios tenía un plan para mi vida.
- Dios está cómodo cuando yo me siento incomodo.
- Vivir fuera del centro de la voluntad de Dios es el lugar más peligroso para vivir, no las colonias marginadas.
- Al vivir para actuar, morí al temor.
- Vivir de manera intencional significa dejar que Dios interrumpa mi vida.

Entre más conseguía Dios mi afecto, más me llamaba a actuar; Él quería brillar a través de mí, para que su luz disipara la oscuridad a mi alrededor.

CUANDO DIOS NOS LLAMA A
ACTUAR

VIVIR
PELIGROSAMENTE

¿Seguridad o Impacto?

Los primeros cristianos ponían la obediencia a Dios en primer lugar. Arriesgar sus vidas por el evangelio era normal. Hacer crecer el Reino de Dios le restó importancia a las otras prioridades. Aunque muchas personas no podían entender este llamado a actuar, esta misma pasión me consumió después del asesinato de nuestras vecinas, las niñas. Twany y yo nos hicimos muchas preguntas, en especial concernientes a la seguridad de nuestros hijos. *¿No estaban en peligro?*

La realidad pintó un cuadro desolador. En muchas maneras, la vida en las colonias marginadas era más riesgosa que en las colonias residenciales. Esta verdad era la primera línea en las conversaciones con nuestros hijos, pues siempre les recordábamos y les asegurábamos que Dios estaba en control. Si bien, vivir fuera del centro de la voluntad de Dios era el lugar más peligroso para vivir, vivir dentro del centro de Su voluntad tampoco garantizaba nuestra seguridad, más bien, el peligro temporal que enfrentábamos no se puede comparar a la seguridad eterna y significativa de vivir para Cristo.

Incluso antes de que el doble homicidio desestabilizara nuestro mundo, Dios me había mostrado que mis hijos no son míos. Una tarde

117

tranquila, Twany tenía planes y yo me quedé limpiando la cochera y los niños jugaban afuera.

"¡Papi, Papi!" Nekiesha corrió hacia mí desesperadamente. "Los vecinos tienen armas".

Me apresuré a reunir a mis hijos y miré al otro lado de la calle. Varios adolescentes pusieron armas debajo del asiento de enfrente de un viejo carro, preparándose para sus festividades nocturnas.

Agarré a mis hijos con más fuerza y los puse más cerca de mí, respiré y temeroso hice esta oración: "Iré a donde sea Dios, pero no puedo poner en riesgo la vida de mis hijos".

Antes de que las palabras salieran de mi boca, escuché a Dios preguntar: *¿Los hijos de quién?*

Innumerables sermones sobre paternidad de repente tomaron un nuevo significado. Mis hijos eran hijos de Dios, yo simplemente era su guardián, mi trabajo era criar a Sus hijos para Su honra y para Sus propósitos; pero mi corazón decía lo contrario. *¿Reflejaba mi estilo de vida mis creencias? ¿En verdad podía confiar que Dios cuidaría de mis hijos en un lugar peligroso?*

En un nivel más profundo de conciencia y de obediencia, le entregué al Señor el control y la propiedad de mis hijos.

CRIANDO HIJOS RADICALES QUE CAMBIARÁN EL MUNDO

Estadísticas alarmantes muestran que un alto porcentaje de los niños criados dentro de la iglesia ya no asisten y no piensan regresar a la iglesia. Si preguntas por qué, muchos jóvenes expresan saber mucho de la fe cristiana pero muy poco sobre vivir un estilo de vida cristiano.

A menos que nuestros hijos nos vean alimentando a los que no tienen hogar o trabajando con los necesitados, ellos no ven la fe en acción. Asistir a la iglesia, participar en estudios bíblicos e ir a campamentos de verano cristianos se queda corto.

Tenemos que levantarnos de nuestros asientos y salir a conquistar las calles si queremos preparar a nuestros hijos para vivir una vida comprometida por completo a Cristo, de lo contrario los jóvenes se sienten engañados porque lo que ven reflejado en casa no se parece a lo que escuchan año tras año sentados en la iglesia.

Como todos los padres, Twany y yo tenemos el instinto natural de proteger a nuestros hijos, pero la vida en las colonias marginadas nos enseñó que les hacíamos más daño si fallábamos en preparar a nuestros hijos. Un estudio indica que ser expuestos a los alérgenos a temprana edad ayuda al sistema inmune de los niños. En otras palabras, exponer a nuestros hijos a la mugre en realidad los protege. Lo mismo aplica en la vida, aislar a nuestros hijos de los golpes, moretones y los gérmenes no los prepara para vivir en un mundo donde se van a caer y se van a enfermar.

Mi esposa y yo pronto nos dimos cuenta que la paternidad no se trataba simplemente de proteger a nuestros hijos de las cosas malas del mundo. Como cristianos, a los dos se nos había dado la seria responsabilidad de criar hijos que influencien el mundo para Jesús. Nuestros hijos tienen que ser capacitados para promover el Reino de Dios en medio del desastre. Exponer a nuestros hijos a la pobreza, el dolor y el quebranto hace nacer la compasión y moldea sus corazones más de lo que cualquier estudio bíblico pudiera.

El riesgo está en el centro del camino de la fe, para niños y adultos. Como padres, Twany y yo tenemos la responsabilidad de formar la fe en un mundo conflictivo. La vida que fuimos llamados a vivir incluye a nuestros hijos. El discipulado pasa en el contexto de nuestra vida familiar, ellos necesitan vernos tomar riesgos por Cristo y experimentar riesgos ellos mismos. Cuando sobreprotegemos a nuestros hijos no permitimos que den pasos de fe y se conviertan en cristianos auténticos.

Twany y yo no solamente involucramos a nuestros hijos a nivel local en las colonias marginadas, queremos que se conecten a nivel global con países pobres. Nuestra pasión es que nuestros hijos abarquen el mundo entero. Antes de que se gradúen, le pedimos a cada uno que visite otro país y sirva en un proyecto de misiones. Nosotros moldeamos la vida que queremos que sigan.

Twany y yo estamos lejos de ser los padres perfectos, pero nos hemos comprometido intencionalmente para educar a nuestros 14 hijos a ser cristianos que no se queden al margen. No saben más de la biblia que sus compañeros, tal vez se les olvida el devocional matutino o se olvidan de orar, pero han sido testigos del mal y de las trampas de las adicciones y han visto la esperanza que Jesús ofrece.

Como padres cristianos, debemos apretarnos el cinturón para enfrentar un camino difícil. No somos llamados a criar niños y niñas buenos que tendrán una buena carrera y una vida cómoda, más bien, estamos al frente de la batalla, mandando una generación radical que cambiará al mundo al levantarse de sus asientos e ir a las calles y aceptar el llamado de Dios a actuar.

LAS CREENCIAS SE FORMAN, NO SE INFORMAN

Las personas todo el tiempo me preguntan cómo Twany y yo balanceamos la crianza saludable de nuestra familia mientras servimos en las colonias marginadas. La pregunta se desequilibra por sí sola dando a entender que hay conflicto entre la salud y la participación en la misión de Cristo. De acuerdo a la definición cultural, nuestra familia no está equilibrada de ningún modo, y eso es algo bueno. Estamos comprometidos por completo a la causa de Cristo y buscamos el ritmo de Dios en nuestras vidas, si eso significa que nuestros hijos no jueguen todos los deportes o no se unan a todos los clubs de la escuela, está bien.

Nos arrodillamos juntos y nos preparamos juntos, el ministerio y la familia van de la mano al integrar nuestros valores cristianos en donde quiera que vamos. El ministerio no es sólo para los profesionales y adultos. Cuando nuestros hijos entran a 6to. grado los llevamos a conferencias de liderazgo para que se desarrollen. Ver a nuestros hijos demostrar sus dones únicos mediante la comunión con sus vecinos, la interacción con la familia, actividades escolares, el ministerio en la iglesia y en viajes misioneros cortos es impactante.

Como seguidores de Cristo, vivimos como embajadores y extranjeros en esta tierra para entregarnos por completo y así transformar al mundo en quebranto. La misión de Dios en el mundo es nuestra mayor prioridad, ningún otro estilo de vida podrá llevarnos a cumplir esa misión.

Mateo 7:24 nos desafía a ser determinados al poner en práctica las Escrituras. El conocimiento bíblico que se aprende en un entorno seguro, como el santuario de la iglesia, no llega a los corazones ni influye en el comportamiento si no está acompañado de una oportunidad de practicar lo que creemos. El crecimiento no tiene raíz y no da fruto a menos que seamos plantados en entornos que refuercen lo que hemos aprendido.

Nuestras experiencias forman el tipo de personas en la cual nos convertimos. Dos viajes misioneros al extranjero me mostraron cómo las creencias, que básicamente controlan el comportamiento, son más que nada formadas por medio de experiencias y menos informadas por medio de la enseñanza. El primer viaje fue a África para servir a niños de la calle. El caos de la hora de la comida me impactó hasta que el personal del orfanato nos explicó por qué los niños actuaban de manera tosca; era por la incertidumbre de quedarse sin comida, los niños y niñas metían las sobras a sus bolsillos y frenéticamente metían comida a su boca para evitar que les robaran su comida, usar cubiertos no era normal.

Enseñarles a estos niños de la calle la manera adecuada de comportarse a la hora de comer era un gran reto para el personal del orfanato. Informales la necesidad de usar cubiertos no cambió su comportamiento. El hambre, el abuso y las severas condiciones de vida habían formado sus creencias por tanto tiempo, necesitaban formar una nueva serie de creencias, los niños tenían que creer que serían alimentados constantemente o su comportamiento no cambiaría.

Un segundo viaje misionero a China me confrontó con la misma realidad de que somos formados más que informados. Por años había escuchado de asesinatos y encarcelamientos de cristianos en China. Visité el país para ayudar a enseñar a los pastores y líderes de China sobre la Biblia, pero ellos me enseñaron mucho más.

Temprano en la mañana mi anfitrión me llevó a un edificio corporativo muy alto, como los muchos otros rascacielos que nos rodeaban. Una vez que llegamos, mi anfitrión me dio las siguientes instrucciones:

-No digas nada.
-Cubre tu cabeza con la capucha de tu suéter.
-Haz reverencia.
-Sigue a la persona frente a ti.
-Camina rápido.
-No mires a tu alrededor.

Las instrucciones me dieron escalofrío, yo no era un agente secreto en una película de acción, podía pasar cualquier cosa y lo desconocido me aterrorizó. Empecé a entender lo que en realidad estaban pasando los cristianos de China.

Dentro del edificio, tomamos las escaleras en lugar del elevador, caminamos rápido, salimos del cuarto piso sin aliento. El grado de medidas de precaución me sorprendió, tomamos el elevador y subimos varios pisos y repetimos el proceso. Apresurarnos a las escaleras, salir, subir al elevador, repetir.

Cuando llegamos a nuestro destino, un poco cansados de subir las escaleras eché un vistazo debajo de mi capucha; varias personas estaban adentro de un cuarto, su postura era silenciosa, pero a la vez cálida, al caminar por el pasillo, las sonrisas y conversaciones dieron a entender que habíamos llegado a un piso "seguro".

Justo cuando estaba bajando la guardia, tomaron más precauciones, mi anfitrión me metió apresuradamente a un cuarto a prueba de sonido, parecido a un estudio de grabación, construido dentro de un cuarto más grande para proteger a los cristianos del hostil gobierno chino. Dos puertas se cerraron rápidamente después de que entré, la seguridad y privacidad tenían extrema importancia.

Este no era mi cristianismo "seguro" de la colonia residencial en Velveetaville. La fe había moldeado a estos cristianos chinos. Ellos vivían sus creencias en un estilo de vida formado por su fe arriesgada. Vivir bajo amenaza constante impulsaba a los cristianos de China a adorar en secreto, algo que nunca consideré ya que mi propio sistema de creencias fue formado en una cultura que respeta la libertad de culto. Mi propia vulnerabilidad como cristiano, en el mejor de los casos sería mínima. *¿Me arriesgaría a ir a prisión a causa de mi fe? ¿Golpes? ¿Muerte?*

Como las diferentes culturas que experimenté en estos dos viajes misioneros, la vida en las colonias marginadas vino con una nueva serie de reglas sobreentendidas. La pobreza y la injusticia habían formado las creencias de mis vecinos, el conocimiento de la Biblia no era suficiente para cambiar su comportamiento, mis vecinos necesitaban nuevas experiencias con auténticos cristianos y un Dios verdadero.

La Biblia ilustra este proceso de formación en Jeremías 18 usando la idea del barro que se forma en el torno del alfarero. Dios usa las presiones de la vida: dificultades, experiencias, interacciones y relaciones para formarnos en la vasija única que Él ve, para el propósito que Él tiene planeado. El agua (Su Palabra) es necesaria para alisar nuestra textura áspera y Sus dedos sellan Su amor en nuestras vidas.

Todos estamos en proceso. Al poner a nuestros hijos y a nosotros mismos en situaciones desconocidas, incomodas o culturalmente diferentes expone las creencias y el comportamiento que están muy dentro de nosotros, lo cual no se asemeja a las Escrituras. Dios nos ama demasiado como para dejar que nos estanquemos, por lo tanto, estos momentos en los que nos exponemos a la vulnerabilidad se convierten en oportunidades para alinearnos de nuevo a Su plan. Experimentamos a Jesús en el quebrantamiento del mundo al encontrarnos con personas reales que están experimentando luchas reales.

SE ROBARON TODO

Mis hijos comprobaron el proceso de formación de Dios una mañana que íbamos manejando sobre nuestra calle camino a casa. Dos niñas pequeñas vecinas nuestras, se reían al compartir un par de patines, una usaba un patín en su pie derecho y la otra en su pie izquierdo, se tomaban de la mano y rodaban por la banqueta, se caían más de lo que duraban derechas. Otros niños sonreían y reían al andar en bicicletas y jugar con más juguetes. Verlos felices era contagioso, ver la dulce inocencia en las colonias marginadas hizo que mi corazón se gozara.

"Hey esos son mis patines", uno de mis hijos gritó de repente desde el asiento de atrás.

"Y esa es mi bicicleta" dijo su hermano. "Deberíamos ir a recuperarlos".

Nos dimos cuenta que todos los juguetes, bicicletas y patines pertenecían a mis hijos. Unas semanas atrás alguien entró a nuestra cochera y robó la mayoría de las cosas que había allí.

Volteé a ver a mis hijos con una sonrisa. "Vamos a dejar que estos niños se queden con todo porque se están divirtiendo mucho. Además, miren qué alegría nos da regalarles nuestros juguetes".

Ninguno de mis hijos se quejó, más bien, su rápida aceptación y firmeza reveló cómo Dios estaba moldeándolos a través de la vida en las colonias marginadas. Mateo 6:20 no era simplemente un versículo que los niños se memorizaban en la escuela dominical. "Almacena tus tesoros en el cielo, donde las polillas y el óxido no pueden destruir, y donde los ladrones no entran a robar".(NTV) Experiencias como estas formaron, no sólo informaron, a mis hijos a aceptar el llamado de Dios a actuar y vivir los principios que están en Su Palabra.

CAPÍTULO

8

PASIÓN POR LOS PERDIDOS

Mapas y Balas,
un Recordatorio Urgente

Tengo un mapa del crimen de un radio de 3 kilómetros de las colonias marginadas que me dio la policía. Nuestro equipo también reunió datos para elaborar un mapa de asesinatos que está en la oficina central de ABIDE. Alfileres rojos cubren el mapa mayormente en el Norte de Omaha, cada alfiler representa un asesinato en nuestra ciudad desde 1991. Cerca de dos tercios de los homicidios en Omaha ocurren en esta zona. Cada vez que actualizamos el mapa con otro alfiler rojo, me duele el corazón por la pérdida de una vida.

Aunque muchos de nosotros no decoramos nuestras casas de manera tan gráfica, los seguidores de Cristo necesitamos recordatorios visuales de nuestro llamado a actuar. Debemos estar bastante enojados con la violencia para actuar y apasionarnos lo suficiente para dar nuestras vidas. Esta pasión nos llena de urgencia por las personas que se dirigen a pasar una eternidad apartadas de Cristo.

Yo cargo cinco balas en mi bolsillo para mantener esta urgencia como prioridad en mi mente. Mis hijos encontraron cuatro en nuestro patio y la otra estaba en la casa de a lado. Cuando toco el frío metal con mis dedos, no puedo olvidar el asesinato de mis dos pequeñas vecinas, así como los muchos otros representados por los alfileres rojos en el mapa. A menos que esté viajando en avión, siempre cargo con ellas todos los días como recordatorios, antes de poner las balas en mi bolsillo, oro por mis vecinos y por mi ciudad.

El mapa de asesinatos y las balas me dan un sentido de urgencia de vivir una vida con propósito. Estos recordatorios visuales del dolor y sufrimiento en mi ciudad rompen mi corazón. Si soy parte de la solución, estoy presionado a vivir mi vida de tal manera que pueda impactar tantas vidas como sea posible. Mi vida es muy importante como para desperdiciarla en cosas sin importancia y pasajeras, la pasión me mueve a cumplir mi propósito eterno y mi llamado.

Ver estas ilustraciones en exhibición provocó una visión de Dios que un día personas de todo el mundo vendrían a Omaha, porque ya no habrá colonias marginadas. Omaha será una ciudad sin violencia ni crimen. El empleo y la educación aumentarán y cada niño vivirá en una casa llena de amor con un padre y una madre comprometidos a cuidarlos.

Los mapas y las balas son mi recordatorio visual de la urgencia que tengo de vivir mi vida. Cada disparo y asesinato me recuerdan que hay más trabajo que hacer como se refleja en Efesios 5:15-16 "Así que tengan cuidado de su manera de vivir…aprovechando al máximo cada momento oportuno, porque los días son malos." (NVI)

NECESITAMOS A LOS POBRES

Una vez le pregunté a un empresario qué podía proveer para mi comunidad en las colonias marginadas; su rápida respuesta: trabajos, dinero, capacitación y educación, definitivamente beneficiaría a mis vecinos. No obstante, cuando le pregunté qué podía mi comunidad ofrecerle a él, titubeó y contestó: "Nada".

El peso de sus palabras me dolió, porque yo hubiera contestado lo mismo antes de experimentar de cerca el quebranto y las dificultades.

Los pobres tienen algo poderoso que enseñarnos sobre la vida. La ausencia de posesiones materiales simplifica la vida, nos permite enfocarnos en lo que es importante: las relaciones. La abundancia de cosas me dio un sentido de superioridad, por lo tanto, menospreciaba a las personas que no alcanzaban el mismo nivel de "éxito". Cuando las relaciones se hicieron una prioridad en mi vida, encontré satisfacción y riqueza que no había encontrado al estar persiguiendo el sueño americano.

Relacionarnos con los pobres nos hace más humildes y nos muestra la dignidad de las personas de Dios y su valiosa contribución en el Reino.

Desde mi sofá en Velveetaville, veía las noticias, y en vez de ver los problemas subyacentes de la pobreza y el crimen, yo simplificaba los problemas al bien contra el mal y tomaba partidos. Veía a los miembros de las pandillas como representación del mal, deshaciéndose de vidas y causando estragos; pero cuando estuve cerca del quebranto, vi a niños como los míos, necesitados de amor, validación y seguridad. Esos pandilleros "malvados" eran personas reales hechos a la imagen de Dios con un potencial increíble de contribuir en el Reino de Dios, contribuciones que yo no podía hacer.

Efesios 6:12 dice: "Porque nuestra lucha no es contra seres humanos, sino contra poderes, contra autoridades, contra potestades que dominan este mundo de tinieblas, contra fuerzas espirituales malignas en las regiones celestiales". (NVI) Esta narrativa ilustra desde superhéroes y villanos hasta tu equipo favorito y sus archirrivales. Somos rápidos en juzgar qué es lo bueno y malo. La Biblia lo dice muy claro, hay maldad en el mundo, pero las personas no son el enemigo.

La batalla es por las vidas, el verdadero maligno quiere robar, matar y destruir; pero Jesús vino a dar vida en abundancia. (Juan 10:10 NVI) La mayoría de estas pandillas fueron niños que estuvieron a una mala decisión de terminar en las noticias de la tarde. Igual que yo, estaban perdidos y necesitados de un Salvador. *¿Estaba yo dispuesto a humillarme a mí mismo, involucrarme y hacer a un lado mi vida para que otros pudieran conocer a Jesús?*

EL QUEBRANTO COMPROMETE A LA IGLESIA A AMAR

Mi súplica a los pastores es reconectar la iglesia con la ciudad. Este llamado a actuar va más allá de que las iglesias den dinero a misiones en el extranjero y a ministerios sin fines de lucro locales. Dar dinero sin dar nuestro tiempo con regularidad en áreas de necesidad en nuestra comunidad hace más grande la distancia entre las personas que se congregan y las que no. Los cristianos necesitan conectarse personalmente con el quebranto para conectarse al corazón de Dios. Cuando somos quebrantados por las mismas cosas que rompen del corazón de Dios, la pasión nos impulsa a actuar.

A mi vida en Velveetaville le faltaba pasión, los perdidos se estaban perdiendo a mi alrededor, pero no estaba conmovido como para actuar. La cantidad de dinero que ganaba me separaba de los quebrantados de espíritu. Dios tomó el quebranto físico de las colonias marginadas para encender pasión espiritual dentro de mí. Mi pasión por los heridos en mi ciudad estaba ligada a la distancia que había entre ellos y yo; a mayor distancia, menos pasión tenía, a menor distancia más pasión me impulsaba a actuar.

El amor compromete a la iglesia con los que están en quebranto en nuestra ciudad. Servir a los quebrantados de manera constante hace que la iglesia se levante de sus asientos y vaya a las calles donde los cristianos pueden poner en práctica las verdades de la Biblia. Como líderes, debemos de crear entornos donde los seguidores de Cristo puedan aprender a compartir su fe al servir a los no cristianos y crecer en su relación con Jesús.

Jesús tenía muchos nombres: El Mesías, Libertador, El Buen Pastor, El Santo, Rey de Reyes, pero el más interesante es "amigo de pecadores" (Mateo 11:19 NVI) Su relación y cercanía con los pecadores hacía que los religiosos se sintieran incómodos, pero la pasión por los perdidos consumía a Jesús.

Estar cerca de los quebrantados aumenta nuestra dependencia de Dios y lleva nuestra fe a nuevos niveles. Apocalipsis 3 nos advierte de el cristianismo tibio, alias el cristianismo de Velveetaville. El quebranto calienta nuestra fe hasta que hierve con pasión por los perdidos y heridos de nuestra ciudad. Como cristianos es primordial permanecer cerca de la fuente de calor (quebranto). Nunca transformaremos el quebranto de nuestra ciudad hasta que nosotros seamos transformados por el quebranto de nuestra ciudad. Dios aviva nuestra compasión al enfrentar la pobreza, el dolor y las dificultades. Si yo me comprometía a servir al   quebrantado y necesitado, Dios me usaría para impactar al mundo.

Cuando fui entrenador de futbol en la ACJ (Asociación Cristiana de Jóvenes) en las colonias marginadas, Twany y yo nos hicimos amigos de una mamá soltera de cinco hijos. Una noche me habló para pedirme que rescatara a su novio de un bar; sólo de pensarlo se me revolvió el estómago, había dejado de ir a los bares desde hace diez años, nada bueno podría resultar de pasar el rato en un bar del Norte de Omaha a media noche.

Quería encontrar una excusa, pero no podía defraudar a esta madre soltera después de haberme contactado. Me levanté de la cama y maneje por las calles obscuras, orando para que Dios me guardara.

Geno estaba sentado solo en un banco del bar, con su bebida en la mano, al sentarme a lado de él, sus ojos irritados me reconocieron. "¿Viniste a recogerme?"

Afirme con la cabeza y se tambaleó a mi lado al dirigirnos a mi camioneta. "mi vida es un desastre", me llené de compasión mientras me contaba parte de su historia.

"Hay esperanza" Por fin pude hablar cuando se quedó callado. Sus ojos apagados buscaban los míos queriendo creer en mis palabras, "Su nombre es Jesús".

Geno no sólo aceptó a Jesús esa mañana, eventualmente se mudó a una propiedad que habíamos adquirido y consiguió un trabajo. Él y su novia se casaron y yo empecé a discipularlos.

Ir a un bar a media noche en las colonias marginadas fue más que incómodo, pero cuando la adversidad está conectada al llamado de Dios, el cual es mucho mayor que mis propios deseos, aceptar el llamado a actuar es más fácil. Dios quiere que ponga atención en donde hay conflicto, porque la adversidad siempre trae oportunidad de demostrar amor y llevar esperanza a los perdidos y a los quebrantados.

DA UN PASO

Impactar al mundo para Dios empieza cuando doy un paso, Dios no me pide que de 100 pasos, Él simplemente me pide que dé el siguiente paso.

El Salmo 37:23 dice: "El Señor dirige los pasos de los justos" (NVI) El miedo fácilmente puede paralizarme cuando considero el trayecto completo, pero el concepto de los pasos revela el corazón de Dios. Sus caminos son ligeros al guiarme paso a paso a desarrollar mi madurez por completo.

El cristianismo es un movimiento porque Dios está trabajando constantemente cambiándome para cambiar al mundo. Cuando con humildad me rindo a su voluntad para mi vida, Él me cambia; ya sea que me vuelva más amoroso y bondadoso o si comparto mi fe de manera activa, estos momentos de crecimiento son parte crítica de mi vida cristiana, cada paso nos llena de la presencia de Dios. Entre más crezco, me doy cuenta del increíble potencial, produciendo una poderosa transformación en mi vida y en la vida de las personas que yo impacto.

Las acciones reflejan mi pasión. ¿Cuándo fue la última vez que invité a alguien a la iglesia? ¿Cuándo fue la última vez que compartí mi fe con un inconverso?

Cada actividad en mi día trae oportunidades: ir a la tienda, hacer ejercicio, ir a un restaurant, se convierten en lugares donde el Espíritu Santo se puede mover. Una simple oración agradeciendo el servicio o una invitación a la iglesia puede ser el siguiente paso para atraer a alguien a Jesús. Otras veces, se da la oportunidad de compartir mi fe en una conversación de tres minutos. ¿Cómo era mi vida antes de conocer a Cristo? ¿Qué circunstancias me llevaron a desear un cambio? ¿Cómo es que soy diferente con Cristo? Los días en que trataba de convencer a las personas mediante alegatos quedaron atrás, nadie puede debatir mis experiencias con un Dios viviente.

La pasión no es una opción para los cristianos que son llamados a actuar para cambiar al mundo de manera radical. De otro modo, me perdería de la vida abundante y me volvería apático y estaría cómodo, me volvería impotente y no tocaría vidas invitándolos a una increíble relación con Cristo Jesús.

Hace unos años, empezaba mi día con esta oración: "Señor te doy permiso de cambiarme, y después, úsame para cambiar al mundo".

Ten cuidado mundo, Dios contesta oraciones radicales y usa gente cambiada para cambiar a las personas.

CAPÍTULO

9

HORA DE ACTUAR

LAS IGLESIAS Y
LA ZONA DE ASESINATOS

Vivir en las colonias marginadas vino con abundantes retos. Las necesidades constantes me sobrecogieron cuando los días se convirtieron en años. Encontrar una organización sin fines de lucro no era suficiente, muchas personas necesitaban ayuda. Además de ABIDE ayudé a empezar, directa o indirectamente, dos docenas de organizaciones no lucrativas y pasaba tiempo considerable y energía en los programas de apoyo. Sin embargo, muy poco cambió después de más de 15 años de trabajo no lucrativo a través de ABIDE y otras de estas organizaciones en las colonias marginadas. El agotamiento y la falta de progreso me dejaron sin esperanza y en peligro de sentirme inútil.

Lo que ocurrió con mi enfoque en los programas de ayuda fue desalentador, porque no estaba haciendo discípulos. Aunque todos los programas de ayuda estaban basados en la fe, los niños no se conectaban a las iglesias y no crecían en la fe, los programas de ayuda juegan un gran rol en la educación y en el empleo de los jóvenes, pero se quedaban cortos en el desarrollo de auténticos discípulos centrados en Cristo. Muchos de los niños que *ayudé* terminaron en un ataúd o en una celda en prisión por falta de un verdadero cambio en su comportamiento, a pesar de los años de trabajo, las noticias locales y nacionales reportaban que el crimen, violencia y pobreza en las colonias marginadas estaba peor. Estos artículos junto con visitas continuas a funerales y prisiones agobiaron mi corazón.

Un artículo de un periódico fue muy sombrío pues sucedieron 31 tiroteos durante el verano en un lapso de un mes. Al mirar los rostros en las fotografías y ver la lista de direcciones, casas a mi derecha y a mi izquierda, sentí de nuevo cómo Dios llamó mi atención. Mis vecinos estaban muriendo a mi alrededor, a pesar de todos los años viviendo y trabajando en las colonias marginadas; no podía seguir haciendo lo mismo y esperar resultados diferentes.

Jesús vino a salvar a los perdidos y a edificar la iglesia. Él oraba para que el Reino de los cielos viniera a la tierra. Como seguidor de Cristo, mi propósito era edificar el Reino de Cristo, para mantener a la iglesia en el centro de todo lo que hago, vivir con una pasión que me impulse a compartir el Evangelio y cumplir con el mandato de ir y hacer discípulos. Un verdadero discipulado, involucrado en las actividades de la iglesia local, transformaría a los que están en quebranto.

Yo era uno de los muchos cristianos que adoraban dentro de las cuatro paredes de la iglesia, cuando al mismo tiempo asesinaban a niños fuera de las puertas y nadie de nosotros hacia algo al respecto; por eso no es de extrañar que los inconversos no creían que el cristianismo importaba, las iglesias no estaban haciendo que las cosas fueran mejores.

Combinando estas acusaciones de inefectividad, más de 100 de las 600 iglesias de Omaha se localizaban en la zona de asesinatos. Desafortunadamente, más iglesias estaban concentradas en esta zona que en cualquier otra parte de la ciudad. Personas cínicas que veían el mapa de asesinatos en la oficina de ABIDE bromeaban diciendo: "Si quieres una colonia inmoral y llena de crimen, solo planta una iglesia".

Auch.

INSATISFECHO E INQUIETO

Entre más me llenaba Dios de amor por mis vecinos, mi corazón se sentía insatisfecho e inquieto, ardía con un deseo por ver la hermosura de las personas de Dios transformando el quebranto en nuestra ciudad.

Vivir en las colonias marginadas solo alimentaba esta creciente insatisfacción. Quería gritar desde lo más alto de las iglesias de mi ciudad para reunir a mis hermanos y hermanas. *¿Dónde está nuestra pasión? ¿Hemos perdido nuestro rumbo? ¿Estaba Cristo siendo formado dentro de nosotros o sólo* *asistíamos a la iglesia para ser informados? ¿Por qué los líderes como yo no encauzábamos a otros cristianos dentro de la iglesia a transformar nuestra ciudad?*

Cuatro áreas principales de preocupación me mantenían sobre mis rodillas, buscando respuestas en el corazón de Dios.

Falta de pasión.

Falta de propósito.

Falta de discipulado

Falta de liderazgo.

Nuestra ciudad estaba muriendo en busca de esperanza y mis esfuerzos en vano me recordaron que algo faltaba. Sabía que Dios me llamó a tomar acción, pero de nuevo, no podía seguir, tenía que cambiar lo que ABIDE estaba haciendo o seguiríamos dando vueltas en círculo.

El equipo que plantaría la iglesia Bridge se unió conmigo en oración. Al abrirle nuestro corazón a Dios me encontré recitando las palabras familiares de la oración del Señor: "Padre nuestro que estás en los cielos, santificado sea tu nombre, venga tu reino, hágase tu voluntad, en la tierra como en el cielo".

Paré a mitad de la frase y abrí mis ojos para ver a varios de los miembros de nuestro equipo. "Con todo este crimen y asesinatos, ¿Cómo se vería el cielo en nuestra colonia?"

"Más limpio" dijo alguien.

"Más seguro" se escuchó otra voz.

Una idea se empezó a formar en mi mente "¿Por qué no empezamos recogiendo basura y cortando el césped?"

El concepto era simple: amar a nuestros vecinos en maneras prácticas, levantándonos de los asientos y limpiando las calles. Con este pequeño inicio, ABIDE reenfocó nuestra misión y empezó con un enfoque basado en nuestros vecinos.

Dios me movió de llamar mi atención y conseguir mi afecto, a llamarme a actuar, Él quería que yo:

- Fuera ejemplo de lo que quería que mis hijos siguieran y criarlos para cambiar al mundo radicalmente.
- Atendiera mi relación personal con Jesús al extender mi vida a otros en una relación con propósito con Jesús.
- Alimentara mi pasión con recordatorios visuales del quebranto y llenarme de

urgencia por las personas que se dirigen a una eternidad separados de Cristo.

- Posicionara cerca del quebranto para hacer crecer mi dependencia de Dios y despertar mi fe a nuevos niveles.

- Pusiera atención a las dificultades porque la adversidad trae oportunidades de demostrar amor y traer esperanza a los perdidos y quebrantados.

- Diera el primer paso y en realidad hacer algo.

Entender estos principios lanzó a ABIDE a nuevas temporadas de crecimiento y efectividad.

PARTE II:
EN LAS CALLES

ABIDE:
ADOPTANDO COLONIAS

10

CASAS DE LUZ
Y
EMBELLECIMIENTO DE COLONIAS

Una Iglesia Bíblica

Apasionado e impulsado a impactar a tanta gente como fuera posible, empecé a reconsiderar cómo la iglesia y las organizaciones no lucrativas podrían funcionar juntas con el fin de hacer la mayor diferencia. Dios me había cambiado radicalmente, ahora quería ayudar a otros a experimentar el mismo cambio modelando cómo la iglesia y las organizaciones no lucrativas podrían colaborar para transformar de manera efectiva el quebranto en nuestra ciudad.

Las fortalezas de las organizaciones no lucrativas eran muchas, pues se involucran y conectan a las personas que están lejos de Cristo. Su enfoque programático está dirigido a necesidades específicas que son cruciales e importantes para el crecimiento y desarrollo de los niños y adultos, aportan casas, recuperación de adicciones, albergues para personas sin hogar, oportunidades de educación y muchos otros beneficios útiles para la sociedad. Las organizaciones no lucrativas jugaron un rol significativo en muchas vidas, como un factor importante en la ecuación del éxito.

Por otro lado, las iglesias aportan una orientación moral, impulsando a las personas a ser amables, gentiles y ser justos los unos con los otros. Las iglesias se preocupan por los enfermos y marginados, al ser una red de apoyo para toda la vida, las iglesias fortalecen a las personas para cumplir con su increíble potencial. La iglesia no solo ayuda a las personas a expresar adoración a Dios, la iglesia capacita a las personas para extender el amor de Dios a aquellos que buscan esperanza y mantienen viva la esperanza eterna en los corazones, impulsando a los cristianos a actuar a la manera de Cristo.

Fusionar el modelo existente de la iglesia con las organizaciones no lucrativas es lo que las escrituras llamarían "la iglesia". Como seguidores de Cristo, nos unimos a Jesús en la edificación de la iglesia; por lo tanto, la organización no lucrativa debe mover a las personas hacia la familia de la iglesia local, como un salvavidas para toda la vida y un equipo completo que se dedica a hacer discípulos.

Cuando la iglesia y las organizaciones no lucrativas están separadas la una de la otra, ninguna hace el impacto deseado. La iglesia pierde oportunidades de transformar vidas en la ciudad si no se entrelaza por completo con la organización y la organización pierde el impacto sustentable y comprensivo que ofrece la iglesia. Trabajando juntos, impactan con fuerza las vidas de las dos maneras: temporal y eterna.

La visión de impactar a las colonias marginadas se hizo más clara cuando ABIDE se unió a la iglesia Bridge. La lección que Dios me había estado enseñando me ayudó a lanzar ABIDE en una temporada de crecimiento y efectividad sin precedentes. Mi hijo Josh capturó el corazón del nuevo enfoque de ABIDE mediante el siguiente acrónimo:

Adopción de colonias
Bridge: Iglesias
Invertir en Líderes
Diversidad
Encontrar Aliados

PONER AL VECINO COMO PRIORIDAD

Al seguir soñando como equipo con un día ya no tener colonias marginadas, ABIDE simplificó nuestros esfuerzos y se enfocó en estas cinco áreas en nuestro esfuerzo continuo por impactar a la comunidad del Norte de Omaha. Cuando Jesús dijo "ama a tu prójimo", Él quería dar a entender algo; amar a nuestro prójimo era su estrategia para cambiar nuestra ciudad.

En Omaha, las colonias marginadas se pueden dividir en 700 manzanas. Cada manzana tiene un promedio de 25 casas y 4 personas viviendo en cada casa, nuestro objetivo era 100 personas por manzana. Al crear colonias seguras y con protección, las personas de las colonias marginadas podrían alcanzar niveles más altos de confianza, progreso y podrán sentir que pertenecen a las colonias marginadas.

ENFOQUE EN LAS COLONIAS

Cuando ABIDE se empezó a enfocar en las colonias en el 2007, uno de los problemas más grandes a los que nos enfrentamos en el Norte de Omaha fue la cantidad de propiedades abandonadas y deterioradas. Con más de 3200 propiedades consideradas No Habitables y otras casas con violaciones del código de urbanización o registrada para demolición, el problema parecía desalentador. Cuando los dueños no hacen mantenimiento de sus casas, el cuidado de la comunidad disminuye y el crimen crece. La policía llama a esto el efecto de la "ventana rota", porque las colonias sin mantenimiento se vuelven el paraíso de las drogas, pandillas y de la violencia. La policía nos dijo que las colonias limpias eran colonias más seguras.

ABIDE se enfocó en dos colonias llenas de crimen en su primer esfuerzo por limpiar. Dos casas, separadas por dos cuadras, rápidamente se volvieron el foco de atención cuando ABIDE las compró en el verano del 2008; con la ayuda de un ejército de voluntarios y la primera iglesia aliada, se remodelaron las casas en Fowler y Larimore.

Antes de la transformación, las paredes estaban llenas de grafitis y estaba plagada de jeringas de droga, la casa había estado abandonada por 13 años. Esta casa nos sirvió como catalizador de cambio en la colonia, con cada mejora a la casa, apareció un vecino tras otro de las casas de alrededor. Los vecinos empezaron a cuidarse el uno al otro, la transformación de una sola casa trajo un cambio dramático en toda la colonia. La casa en Larimore tuvo el mismo efecto.

Recoger la basura, quitar hierba en terrenos baldíos y arreglar las casas abandonadas causó una disminución en el crimen en estas dos colonias y la policía se dio cuenta; cuando los oficiales le preguntaron a los vecinos qué había pasado, señalaban nuestra casa, la cual también era la oficina de ABIDE.

"No sabemos qué está pasando" me dijo la policía, "Pero lo que sea que estén haciendo, está funcionando; hace dos años esta era una de las colonias más peligrosas de Omaha, hoy es una de las mejores".

Como resultado de esto, nació el concepto de las Casas de Luz. Cuando la casa en Fowler estaba casi lista, siguiendo el ejemplo que Twany y yo habíamos establecido 20 años atrás, reclutamos a una familia de la iglesia Bridge que es aliada de ABIDE, para vivir en la Casa de Luz. Además de convertirse en intercesores de la colonia, la familia de la Casa de Luz entablará relaciones con los vecinos a través de actos tangibles de amor.

Las Casas de Luz son donadas o compradas a una fracción del costo original y después se renuevan por completo. Las casas son destruidas, se les instalan nuevas tuberías, sistemas eléctricos y de climatización. Con el apoyo de los aliados de ABIDE y de donadores, las remodelaciones cuestan un tercio o la mitad de los costos normales. Los beneficios son incalculables; el crimen disminuye y los vecinos son impulsados a cambiar sus colonias.

Siete años después, la casa original de Fowler es ahora una de 21 Casas de Luz que han sido renovadas, otras nueve casas se están remodelando en este momento y hemos adoptado 104 manzanas; calle por calle, una casa a la vez, los voluntarios de ABIDE están transformando las colonias a través de la renovación de casas abandonadas y ofreciendo actividades para los niños y adultos en las colonias. Por medio de las relaciones con las familias de las Casas de Luz, los vecinos se conectan con ABIDE y con los eventos de la comunidad, programas de apoyo a la familia y con la iglesia Bridge donde las vidas empiezan a ser transformadas.

Voluntarios como Jim y Diann conocieron el programa de vivienda de ABIDE por medio de su iglesia en las colonias residenciales de Omaha, en un momento en el que estaban considerando maneras de servir en un programa de misiones. Cinco años y dos casas después, Jim y Diann hacen mucho más que ayudar en el proceso de renovación, continúan visitando las colonias cada mes para conocer a los vecinos.

Un habitante de una Casa de Luz dijo: "Estar en una Casa de Luz expandió nuestro enfoque para incluir el servicio a aquellos que viven en colonias en desgracia. Es un recordatorio de que tenemos una responsabilidad y un mandato de hacerle saber a la gente que cuando tienen a Jesús, la vida puede ser mejor".

CUANDO LO ESPIRITUAL
SE VUELVE PRÁCTICO

Se escucharon disparos después del sonido de llantas rechinando en una de las colonias de una Casa de Luz de ABIDE. Un carro iba a toda velocidad por la calle, chocando contra patios, tiró bardas y golpeó el tronco de un árbol antes de dar vueltas y quedar llantas arriba, el conductor estaba cubierto de sangre, le habían disparado.

Dos jóvenes que vivían cerca de la Casa de Luz corrieron de inmediato al lugar del accidente, uno era Bryson el mejor amigo de mi hijo Jermiah y el otro era Raymond.

Los dos llamaron desesperadamente al 911 y ayudaron al conductor con sus heridas, la policía llegó y durante la investigación esposaron a Bryson y Raymond, rápidamente se difundió la información a la familia de la Casa de Luz que conocía a los adolescentes por los programas juveniles de ABIDE. Acompañaron a las familias de Bryson y Raymond en la escena del crimen, orando y confortándolos, después de cuatro largas horas, la policía descubrió que una transacción de droga había salido mal y liberaron a los jovencitos.

Como resultado del enfoque en las colonias de ABIDE y nuestra presencia en esta situación, fuimos reconocidos como un catalizador de cambios en nuestra comunidad. Nos invitaron a trabajar con la policía y el gobierno de la ciudad para hacer una diferencia en Omaha.

ROSIE

Rosie era miembro de una de las iglesias aliadas de ABIDE, debido a que había trabajado entre familias de bajos ingresos y potencialmente peligrosas, tenía cierta desconfianza en la comunidad del Norte de Omaha. Cuando su iglesia se ofreció como voluntaria en una fiesta en la calle, Rosie manejó alrededor de la colonia con sus hijos para averiguar qué tan segura se sentía antes de ser voluntaria en el siguiente evento;

después que su esposo le dijo lo seguro que era y lo mucho que disfrutó la fiesta en la calle, Rosie decidió saber más sobre ABIDE.

Rosie y su esposo Jim tienen una familia multiétnica, debido a que su iglesia local no era muy diversa étnicamente, sus hijos no siempre sentían que pertenecían con los otros niños; después de hablar con su pastor, Rosie y Jim decidieron visitar la iglesia Bridge, la iglesia rápidamente se convirtió en familia y Rosie empezó a servir en el área de niños.

En ABIDE y Bridge, Rosie encontró un lugar que no sólo ministraba a sus hijos, sino que estimuló su pasión por los necesitados. Un descontento crecía dentro de Rosie, quería vivir su vida con el propósito de servir a otros que estaban en riesgo, Rosie dejó su trabajo y gran salario para mudarse a las colonias marginadas y vivir en una de las Casas de Luz de ABIDE.

ABIDE empezó a trabajar en la colonia Prospect Village, trabajando en la casa que los niños de la colonia conocían como "peligrosa" por el letrero de censura colgado en la ventana. Por medio de voluntarios y fondos de una iglesia aliada, la casa se renovó y se convirtió en el hogar de Rosie y su familia.

Rosie trabajó arduamente en su colonia adoptada, empezando un estudio bíblico con varias personas que no eran seguidores de Cristo, a través del liderazgo de Rosie, algunos de estos miembros empezaron una asociación de vecinos, lo cual hizo que muchos vecinos de otras cuadras se unieran. Desde entonces la asociación ha sido aliada de la ciudad para derribar casas deterioradas y para facilitar ayudas económicas a los dueños de las casas para arreglarlas.

El impacto de Jim y Rosie se sintió más en el despertar de una tragedia en su colonia. Un tiroteo que ocurrió a unas cuantas cuadras de su Casa de Luz, le quitó la vida a tres jóvenes. Jim y Rosie estaban fuera de la ciudad cuando se enteraron de la noticia, pero regresaron esa misma noche para ayudar a los vecinos a procesar la tragedia. Oraron con los vecinos en una vigilia de oración y organizaron un grupo de vigilancia, haciendo un vínculo entre la policía y la colonia.

ABIDE no solo ha cambiado la comunidad de esta colonia al transformar la casa "peligrosa", los misioneros de la Casa de Luz han dado luz a la comunidad que está inmersa en la oscuridad.

Nuestros vecinos están desesperados por esperanza, las personas a nuestro alrededor están muriendo en tragedias sin sentido. Jesús lloró por Jerusalén. ¿Se desmorona nuestro corazón por nuestros vecinos? ¿Clamamos por nuestra ciudad?

El enfoque en las colonias quiebra los problemas abrumadores de las colonias marginadas a piezas tangibles. Los cristianos toman responsabilidad y la iglesia se moviliza para permear la cultura.

Lo espiritual se vuele práctico cuando los cristianos se levantan de sus asientos. Lo práctico se convierte en algo poderoso cuando los cristianos van a las calles y hacen una diferencia en el mundo que los rodea.

Simple, pero profundo.

CONSTRUYENDO UNA CULTURA DE AMOR

La transformación de las colonias no sucede de un día para otro, la transformación sucede día a día. La presencia constante de las Casas de Luz de ABIDE edifica una cultura de amor coherente que cambia vidas. Las familias de las Casas de Luz establecen raíces permanentes en la comunidad de las colonias marginadas, viviendo su fe y modelando un estilo de vida saludable basado en los principios de Dios. La vida de los jóvenes es más influenciada a través de una relación de amor que mediante programas o enseñanzas en un salón de clases.

Los niños no necesitan mejores programas de ayuda, necesitan una mejor niñez; los niños progresan cuando desarrollan relaciones enriquecedoras entrelazadas dentro y fuera de las experiencias en su vida.

Hacer la vida juntos es el centro de la edificación de la cultura. Zeke y Jeremy mellizos de 11 años vecinos de la Casa de Luz son prueba de este cambio de vida. Cuando conocimos a los hermanos en el 2001, su mamá no los dejaba abrir la puerta; por lo tanto, los voluntarios dejaban un plato de galletas a la puerta como parte de las actividades mensuales de alcance de ABIDE.

Después de varios años, cuatro jovencitas que vivían en la Casa de Luz se conectaron con los mellizos a través de la música y de patinetas. Descubrir algo en común de inmediato crea un nivel de confianza con los niños. Pronto los hermanos empezaron a ir a la Casa de Luz para convivir, para irse con ellos a la iglesia Bridge, tocar la guitarra o piano, o reunirse con las jovencitas para comer un fin de semana. Esto hizo una conexión con los padres de los muchachos y una invitación a la celebración del cumpleaños de los mellizos.

Lo mismo pasó cuando Twany y yo abrimos nuestra casa a los niños de nuestra colonia. Hacíamos varias vueltas a la iglesia con la camioneta llena de niños, después regresábamos a casa para cenar los domingos. Pronto nuestra casa estaba rebosando con 60-80 niños cada domingo por la tarde.

Algunos de los mejores amigos de nuestros hijos pasaban tiempo muy seguido en nuestra casa, que se convirtieron en parte de nuestra familia. Kaveon, uno de los frecuentes, me dijo que venir a nuestra casa era como ir a Disneylandia, porque compartíamos la comida y nos divertíamos mucho juntos. Asombroso ¿no?, Dios puede usar los simples actos de amor en maneras poderosas.

Debido a que ABIDE edifica una cultura de amor con relaciones como centro, ocurren cambios duraderos. Estas relaciones apoyan a los niños de las colonias marginadas a superar la cultura de pobreza y los impulsa a crecer en el potencial que Dios les dio. Compartir la comida juntos o un simple plato de galletas puede hacer la diferencia en niños como Zeke, Jeremy y Kaveon cuando esto se suma a cristianos que se preocupan por sus vecinos.

EVENTOS DE FORTALECIMIENTO DE LA COMUNIDAD

Y

PROGRAMAS DE APOYO A LA FAMILIA

NO MENCIONES A JESÚS

Cuando llevé a nuestro primer equipo a las colonias marginadas para limpiar la colonia alrededor de la oficina de ABIDE, mis instrucciones lo sorprendieron. "No le digan a nadie acerca de Jesús".

Alguien lo vio mal. "Pero eso no es cristiano".

Me puse mis guantes de trabajo, "La Biblia dice que siempre debemos estar preparados para dar respuesta de la esperanza que está en nosotros, me expliqué. "Pero no queremos dar respuestas hasta que alguien nos haga una pregunta".

Más voluntarios regresaron la siguiente semana a podar césped y a recoger basura mientras un segundo equipo trabajaba en la renovación de la casa que ABIDE había adquirido. Seguíamos apareciendo y empezamos a invitar a los vecinos a hacer carne asada, sin compartir nuestra fe hasta que alguien nos hiciera una pregunta.

Desde ese momento en adelante, nuestros intentos de compartir nuestra fe ya no fueron hostigantes o una presentación rara del Evangelio. El proceso natural de compartir nuestro corazón vino cuando nos relacionamos con nuestros vecinos, no tomó mucho tiempo para que las personas tuvieran preguntas.

En uno de nuestros primeros alcances entre ABIDE y Bridge, un vecino salió cuando podábamos su césped.

"¿Quienes son ustedes?" preguntó

"La iglesia Bridge"

Asombro y confusión se reflejaron en la cara del hombre. "No sabía que las iglesias hacían algo".

Wow, qué declaración.

CÓMO NO HACER UNA FIESTA EN LA CALLE

Antes de nuestro enfoque en las colonias, mi primer intento por alcanzar la comunidad se quedó patéticamente corto. Me paré en un púlpito improvisado en el parque para de manera firme y fuerte algunas veces, pedirles a las personas que entregaran su vida a Jesús, mientras se escuchaba música cristiana al fondo. Muchas personas de mi iglesia me consideraban valiente, pero mi método le repugnaba a los inconversos. Cada mes iban menos y menos personas.

Cuando busqué consejo de los amigos de mi pastor, ellos asumieron que a la gente no le importaban las cosas de Cristo, ninguno de ellos cuestionó mi táctica, creían que el problema eran las personas; en vez de cambiar mi método, deje de hacer alcance comunitario hasta años después.

Cuando me tomé el tiempo de conocer a mis vecinos a través del enfoque en las colonias de ABIDE, algunos de estas personas inconversas me dieron una perspectiva diferente. Parecían estar honestamente interesados en Dios, pero no comprendían el entorno o el vocabulario que venía acompañado con la iglesia.

En vez de esperar que mis vecinos cambiaran, me di cuenta que yo necesitaba cambiar; después de que el equipo de ABIDE revisara el valor de las fiestas en la calle, nuestra meta era conectarnos con nuestros vecinos y reestructurar la visión de una comunidad dinámica y próspera en las colonias marginadas. La vieja mentalidad era "trabaja duro, estudia y sal de las colonias marginadas", pero las colonias marginadas tenían una rica cultura que se necesitaba celebrar. ABIDE deseaba usar las fiestas en la calle como herramienta para ayudar a reconstruir la comunidad.

ABIDE se esfuerza para edificar la moral en las colonias marginadas mientras nos divertimos en las fiestas en la calle y otros eventos comunitarios. Al crear impulso y hacer crecer el sentido de la comunidad, las personas empiezan a pensar en términos de transformación, en lugar de salir de las colonias marginadas.

Las fiestas en la calle que se organizan a lo largo del año, ahora ofrecen música secular, comida gratis, pinta caritas, animales que puedes acariciar, juegos inflables y otras actividades divertidas para que las familias las disfruten juntas. La carrera con tres piernas y el lanzamiento de huevo son un éxito. Abundan las risas y sonrisas, en la primera fiesta en la calle hubo 125 personas; ocho veranos después asistieron 2500 niños y familias.

A muchos se les hace increíble. "¿Una iglesia organizó esta fiesta?"

Afirmamos con la cabeza y añadimos que sólo nos reunimos una hora durante el servicio del domingo en la iglesia, las personas se vuelven a sorprender.

Al reconsiderar la iglesia es más probable que las personas asistan al servicio de domingo en Bridge donde somos sensibles a los inconversos a propósito. Después de que las personas experimentan la diversión y las relaciones que construimos en la fiesta en la calle, se abre la posibilidad de un encuentro con Dios.

MARQUITA

Marquita era una buena alumna hasta que una noche fatal en la preparatoria un amigo de la familia la agredió sexualmente, quitándole su inocencia. La que alguna vez fue una jovencita extrovertida, se refugió en la soledad de su recamara y en la música, la agresión dejó a Marquita vacía y con ideas de suicidio.

La escuela pasó a segundo plano y aquella estudiante que siempre estaba en el cuadro de honor, ahora apenas podía pasar las materias. Al final de su segundo año de la preparatoria, Marquita prácticamente no tenía créditos.

Su amiga Janaya, parte de la familia de la iglesia Bridge, invitó varias veces a Marquita a venir a la iglesia y siempre decía que no. Marquita había asistido a una iglesia antes, pero su fe no la protegió de ser violada, por lo tanto, había renunciado a Dios.

Marquita por fin cedió cuando la iglesia Bridge organizó una fiesta en la calle, las actividades le recordaron a la diversión que disfrutó en su niñez y sonrió cuando le deseé una feliz navidad a la mitad del verano, Janaya invitó a Marquita al servicio de jóvenes el siguiente martes, pero se negó.

Janaya no se daría por vencida, le ofreció veinte dólares por ir con ella al servicio de jóvenes, la oportunidad de ganar dinero convenció a Marquita; tan pronto como Marquita entró a la iglesia, las palabras del pastor de jóvenes le hablaron directamente; le gustó la atmosfera positiva y de diversión y le confesó a Janaya, "No sabía que la iglesia podía ser como esto".

Un martes por la noche se convirtió en asistencia constante al servicio de jóvenes y luego al servicio de domingo en la mañana. Marquita encontró esperanza en una nueva identidad, ya no era víctima, era hija de Dios. El siguiente año mostró esta nueva esperanza pues empezó el largo camino a la graduación y necesitaba completar en dos años, el valor de créditos de cuatro años.

Al progresar en la escuela, Marquita también creció en la iglesia, servía en varios ministerios y desarrolló su liderazgo y con el tiempo se convirtió en líder en el servicio de jóvenes.

Con poca tutoría y con ayuda para pagar un par de clases nocturnas, Marquita se graduó a tiempo de la preparatoria, se inscribió en una universidad cristiana local y terminó dos prácticas profesionales con ABIDE y la iglesia Bridge. Hoy ella es líder en su universidad y líder en el Norte de Omaha.

La historia de abuso sexual y violencia de Marquita, es común en las colonias marginadas. Hace poco los instructores de un taller en el que participó ABIDE les pidieron a 25 jovencitas que hablaran de la violencia que habían visto, como Marquita, cada una de ellas había experimentado abuso sexual en el pasado; estas mujeres necesitan desesperadamente el amor positivo de Jesucristo, pero muchas de ellas no vienen a la iglesia. Como iglesia debemos ofrecer espacios de amor como las fiestas en la calle para ayudar a los que están en dolor a dar sus primeros pasos hacia la sanidad interior.

ESCASEZ DE FUNDAMENTOS VS ESCASEZ ECONÓMICA

Trabajar en las colonias marginadas me ha dado la perspectiva de dos tipos de escasez: la económica y la de fundamentos. La educación, los empleos y la vivienda son tres factores en la ruta para salir de la pobreza, pero sólo enfocarse en los factores de la pobreza económica no trae cambio significativo.

La escasez de fundamentos afecta a las colonias marginadas. Un círculo familiar roto daña el desarrollo del carácter y la moral, ya que estos se establecen en entornos familiares, la falta de ética laboral y valores similares que no se inculcan a los niños, impiden un cambio duradero si se pasan por alto.

ABIDE se enfoca en la escasez de fundamentos mediante la reconstrucción de la moral en las colonias marginadas, por medio de eventos de fortalecimiento de la comunidad y programas de apoyo a la familia. Al ofrecer una red de apoyo que una familia saludable normalmente ofrece, al incluir oportunidades que de otra manera no son posibles, alentamos, equipamos e impulsamos a los individuos a convertirse en líderes.

Cuando ABIDE trabaja con los niños de forma regular en sus propias colonias, ellos ganan terreno en los problemas de la escasez de fundamentos. Los niños empiezan a entender que sus vidas son importantes, lo cual hace que nazca en ellos un propósito y el deseo de mejorar cada día. Una vez que los factores de los fundamentos como la esperanza y el impulso interno se establecen, los problemas de escasez económica pueden ser abordados.

LAS RELACIONES SE HACEN EN EL CORAZÓN

Conectarnos con escuelas de la colonia nos da más oportunidad de servir. La directora de una escuela en las colonias marginadas necesitaba voluntarios para leerles a los niños, así que algunos voluntarios de ABIDE fueron. Muchos de los niños no tenían actividades extracurriculares útiles, por lo tanto, ABIDE y Bridge comenzaron un programa de basquetbol que atrajera a 200 estudiantes.

Después de un año y medio, la asistente de la directora y su esposo decidieron visitar la iglesia

Bridge debido a nuestra presencia en la escuela. No solamente rindieron sus vidas a Jesús, rompieron sus papeles de divorcio y se bautizaron. Luego, después de que la asistente invitara a la directora a Bridge, la directora le entregó su vida a Jesús y se bautizó en un terreno vacío de la escuela, en un servicio especial al aire libre. Ahora la asistente de la directora y su esposo viven en una Casa de Luz.

Además del programa de basquetbol, el apoyo escolar sirve como otro punto de contacto entre los voluntarios de Bridge y la juventud de las colonias marginadas. Niños desde el kínder hasta la primaria, asisten a un programa después de clases en el centro comunitario de ABIDE en la calle 33 donde reciben comida y algunos tutores voluntarios les ayudan y trabajan en lecciones de vida.

Ya sea que el enfoque sea basquetbol o apoyo escolar después de clases o desarrollo de habilidades de trabajo; la edificación de relaciones está en el corazón del enfoque de ABIDE. Nos *conectamos* con los vecinos de manera relacional, *cuidamos* de ellos de manera *tangible* y los *llamamos* a dar el siguiente paso con Jesús. El proceso se enfatiza más que el programa. El éxito educativo y el desarrollo de habilidades son metas secundarias, nuestra meta principal es conectar a los niños y las familias con Jesús, el desarrollo espiritual es la máxima medida de nuestro éxito, sin esperanza eterna, nuestras metas sólo pueden lograr esperanza temporal y cambios a corto plazo.

ABIDE:
IGLESIAS BRIDGE

12

IMPACTO DE LA IGLESIA

MÁS QUE UNA ESPERANZA TEMPORAL

El dolor y sufrimiento no se volvieron personales hasta que me acerqué a los problemas en mi ciudad. Al empezar a ministrar las necesidades de las colonias marginadas, las luchas y las historias me conmovieron a llorar con mis vecinos, cuando experimenté el corazón de Dios para los quebrantados, el dolor rompió mi corazón. Al examinar los modelos existentes de la iglesia a través de estos nuevos lentes, supe que las cosas necesitaban cambiar.

Mis vecinos necesitaban más que una esperanza temporal y cambio a corto plazo. Necesitan una línea de apoyo que los rodee desde la niñez hasta que sean adultos. Dios me usó para intervenir antes de que Markus se suicidara, pero Markus necesitaba más; lo mismo pasó con Geno, progresó después de que Dios me impulsó a rescatarlo del bar a medianoche, pero luego volvió a las drogas cuando se mudó y dejó la influencia de la familia de Cristo; incluso Jake que aceptó a Cristo y vivió con mi familia por casi un año, tuvo una vida más difícil cuando perdió su conexión con los cristianos.

En la vida de estos tres hombres, los hábitos antiguos volvieron a salir con facilidad y la disfuncionalidad regresó. Dirigirlos a Cristo fue la parte fácil, desarrollar discípulos tomó más trabajo y requirió ayuda y motivación de otras personas radicales que cambiarán al mundo. La iglesia nos hace más fuertes, juntos somos mejores.

Si mis buenas obras están relacionadas a una familia de cristianos, pueden impulsar a los Markus, a los Jakes y a los Genos a un camino de un futuro completamente nuevo donde el Evangelio transforma alma y corazón. Todos los involucrados experimentarían el cambio; las personas cambiadas pueden luego ser usadas para cambiar a más personas y nuestra ciudad sería transformada poderosamente.

BUENAS OBRAS VS OBRAS DE DIOS

Existe una gran diferencia entre las buenas obras y las obras de Dios. La Biblia conecta las buenas obras con la edificación del Reino. Pablo escribe en Colosenses 3:17: "Y todo lo que hagan, de palabra o de obra, háganlo en el nombre del Señor Jesús, dando gracias a Dios el Padre por medio de Él" (NVI) Las buenas obras dan resultados temporales; las obras de Dios traen arrepentimiento y esperanza eterna.

Mis buenas obras con la organización no lucrativa y el enfoque programático producen poco fruto duradero. Examiné a detalle las organizaciones no lucrativas, incluso las que están basadas en la fe y vi cómo muy pocas consideran su misión más allá de lo temporal. Los programas de vivienda ofrecen casas económicas, ¿por qué? Los voluntarios dan asesorías para que los niños se gradúen y tengan buenos trabajos, ¿con qué propósito? ¿Para salir de las colonias marginadas y no poder impactar su entorno? Todos los programas de apoyo, incluso el mío, aunque eran de admirar, no tenían repercusión eterna hasta que la iglesia se involucró. Entre más servía en las colonias marginadas, más pasión sentía por conectarme con las personas en una red de apoyo de por vida.

Las buenas obras siguen a la fe de las personas en Jesucristo, pero esta ecuación a la inversa sería conectar estas buenas obras a la fe. La fe y las buenas obras, en la forma del Evangelio puro, están conectadas de manera eterna. Disociar la fe de las buenas obras es un simple acto humanitario de bondad. Dios quería que yo construyera un puente donde la fe, la esperanza y el amor se entrelazaran, esa es la ecuación completa del Evangelio.

Entre más consideraba las buenas obras versus la obra de Dios, más me di cuenta de la importancia de la iglesia local y su poder para impactar a mis vecinos en las colonias marginadas. Con mi enfoque programático sólo podía ofrecer mucho; por otra parte la iglesia tenía un enfoque integral y una amplia variedad de personas y recursos que podía alcanzar perfectamente a mis vecinos ayudándolos a dar el siguiente paso en su desarrollo.

Mi definición de discipulado antes de trabajar en las colonias marginadas era limitada. No comprendía del todo la necesidad de un sistema de apoyo en curso una vez que las personas le rendían sus vidas a Jesús. Esperar que las personas que han sido dañadas profundamente funcionen con normalidad era absurdo, los pensamientos que tenían muy arraigados tenían que ser reprogramados al conectarse a la Palabra de Dios y el comportamiento tiene que reorientarse. El viejo yo, juzgaba a los cristianos de acuerdo al comportamiento, pero la disfunción no desaparecía al momento en el que alguien le entregaba su vida a Cristo; las heridas toman tiempo para sanar, entre más profunda la herida, más tiempo toma sanar, por lo tanto, yo necesitaba dejar de tratar de decidir si un cambio interno era verdadero o no, sólo Dios podía juzgar el corazón. Más bien, yo tenía que caminar junto a los nuevos creyentes y ayudar a fortalecerlos y entrenarlos para la vida. El discipulado es un camino continuo, no una carrera corta. La iglesia es necesaria desde que nacemos hasta que morimos.

UNA OPINION NEGATIVA DE LA IGLESIA

Un día me pregunté qué era lo que les venía a la mente cuando las personas escuchaban la palabra "iglesia". Esta pregunta se convirtió en el foco de una encuesta hecha en las colonias marginadas por nuestro equipo en ABIDE. Las respuestas de más de 300 adultos me desanimaron como pastor.

Noventa por ciento de los encuestados dejaron de ir a la iglesia debido a una mala experiencia; muchos no se han parado en una iglesia desde los 10-12 años; varios describieron una iglesia totalmente desconectada del mundo real y ajena a su vida personal; bastantes sentían que el dinero que se daba para sustentar el lujoso estilo de vida del pastor eran absurdos, las personas no tenían el dinero para mantener el ritmo del desfile de modas de los domingos. Sin titubear los encuestados describieron a los que asisten a la iglesia como personas con aires de superioridad; la frustración y el enojo eran comunes. A pesar de los comentarios negativos, muchos de los encuestados expresaron agradecimiento porque alguien en verdad se preocupara por ellos y los escuchara.

La palabra *iglesia* se originó de la palabra alemana *kirche,* que significa un lugar para ir a una experiencia de adoración. Jesús usó la palabra *ecclesia,* lo cual significa personas que se reúnen y luego se dispersan para cumplir una misión, pero el significado se perdió en la traducción al alemán. La palabra original *ecclesia* a menudo se refería a los soldados que se unían, les daban instrucciones y se iban a su misión, sin embargo, con el paso de los años, *iglesia* se empezó a referir a un lugar en vez de a las personas con una misión.

Según los estándares de Hacienda Pública, una iglesia sólo puede realizar servicios de adoración y actividades. Definida por nuestra cultura actual, la iglesia no nos permite ser parte de cambiar al mundo de la forma en la que Dios nos llama a hacerlo; esto me motivó a empezar ABIDE como una organización no lucrativa. En un mundo ideal donde las reglas de Hacienda Pública no determinen las actividades de la iglesia, nunca hubiera empezado otra organización no lucrativa; no obstante, en la cultura estadounidense, necesitamos la unión de la iglesia con las organizaciones no lucrativas.

EL CRISTIANISMO DEFINIDO

Definir el cristianismo determina el tipo de iglesia que edificamos. Cuando los cristianos son vistos como "personas radicales que cambiarán al mundo" el enfoque resalta nuestra relación con Jesús y nuestra relación con el mundo en quebranto.

La palabra "radical" implica "regresar al origen o a la raíz" del cristianismo como se describe en la Biblia. Romanos 2:4 dice: "Dios es bondadoso, pero no indulgente. En bondad él nos lleva firmes de su mano y nos guía a un cambio de vida radical" (mi traducción de MSG) En otra traducción dice que la bondad de Dios nos lleva al arrepentimiento. El cambio radical ocurre en nuestras vidas cuando reconocemos nuestra necesidad de un Salvador a causa de nuestros pecados, invitamos a Jesús a vivir dentro de nosotros y que se vuelva el Señor de nuestra vida, no sólo en un acto de reconocimiento sino de sumisión, y todo cambia de manera radical. Para parafrasear a un miembro de Bridge que se bautizó, "Dios siempre fue impactante para mi, pero cuando se convirtió el centro de mi vida, todo cambió para que todo girara alrededor de Sus planes para mí".

"Cambiar al mundo" viene de Hechos 17:6 y se refiere a nuestra relación de propósito con Jesús y con el mundo en quebranto que Él vino a salvar. A donde quiera que Pablo y Silas viajaban, oraban por las personas y las vidas eran transformadas y ciudades cambiadas; los líderes de la ciudad los acusaban diciendo: "Estos que han trastornando el mundo entero han venido también acá". (NVI)

Somos cambiados por el Evangelio y llamados a cambiar al mundo. Reflexionar en el cristianismo es reflexionar en la iglesia y su impacto en el mundo.

La iglesia Bridge empezó con un hambre de dar a luz a una iglesia multiétnica, enfocándonos en relacionarnos con los inconversos, individuos que han sido heridos o desilusionados por la iglesia y con aquellos que necesiten una iglesia. Nuestro equipo de liderazgo representaba nuestro deseo, una familia de creyentes con tonos variados de piel. A través de mi trabajo de asesoría para el desarrollo de líderes, ayudé a plantar otras cuatro iglesias, cada una empezó con la esperanza de alcanzar a las personas que están lejos de Cristo, pero dentro de dos años todas se enfocaron en sí mismas. Al trabajar con el liderazgo de iglesias a lo largo de la ciudad, he visto el mismo patrón en la mayoría de las iglesias estadounidenses, yo anhelo que la iglesia Bridge rompa con esa tendencia.

Entrar por las puertas de una iglesia era más fácil hace cincuenta años, porque la cultura de nuestro entorno reflejaba muchos de sus principios básicos. Orar en las escuelas públicas era común y los diez mandamientos se exhibían de manera visible en frente del Palacio de Justicia y otros lugares públicos, en cuanto la cultura estadounidense se alejó de Dios, la iglesia perdió terreno.

La iglesia no sólo perdió conexión con la cultura actual, sino que parece que hemos olvidado nuestro mandato de influenciar la cultura e impactar al mundo. Disfrutamos de otros cristianos, pero nos olvidamos de aquellos que están fuera de nuestras cuatro paredes y dejamos de envolver la cultura. Los servicios del domingo por la mañana, los estudios bíblicos a mitad de semana y los grupos pequeños se vuelven el foco principal. El poder de la iglesia local se desvanece, porque no estamos alumbrando la oscuridad y no estamos traspasando la cultura con el amor, la esperanza y la fe del Evangelio. Si no somos intencionales, nuestra misión se convierte en nada más ocuparnos de las personas que ya asisten a la iglesia, en lugar de hacer discípulos para transformar el mundo en quebranto.

MAGNITUD E IMPACTO

Unos meses después de habernos involucrado en nuestro primer proyecto de limpieza, Bryson, quien pasaba la mayor parte del tiempo con nuestra familia, preguntó si podía ir a nuestra iglesia; en ese tiempo la iglesia Bridge consistía en alcances el martes por la noche, pero teníamos que empezar ya los servicios del domingo en la mañana.

Al escuchar a mi equipo de liderazgo lidiar sobre el estilo de música y de predicación en el que iba a consistir el servicio del domingo en la mañana, yo interrumpí la discusión para preguntar qué era lo que atraería a Bryson y a otras personas a la iglesia. Nuestro enfoque cambió y empezamos el servicio del domingo en la mañana con el mejor amigo de mi hijo Jermiah en mente. Nuestros corazones se conectaron con Bryson y las personas lastimadas en nuestra ciudad que necesitaban una familia en Cristo. Dentro de cinco años la iglesia Bridge creció de 12 miembros fundadores a casi 500 miembros que nunca habían ido a una iglesia y ahora asisten al servicio del domingo en la mañana, donde con regularidad bautizamos a las personas que le rinden su vida a Cristo.

La magnitud de una iglesia debe complementar el impacto que hacen en la ciudad. La cantidad de los enviados debe ser de igual importancia a la capacidad de las personas que caben sentados dentro de la iglesia.

¿Nos estamos levantando de nuestros asientos?

Somos llamados a ser luz y sal, cristianos que son conocidos en nuestra ciudad por su amor y buenas obras. Al hacer nuestra parte, Jesús atrae a las personas hacia Él, como dice en Mateo 16:18 "Edificaré mi iglesia, y el poder de la muerte no la conquistará" (NVI) La iglesia Bridge sueña y trabaja con iglesias que tienen el mismo deseo de levantarse de los asientos y salir a conquistar las calles.

CAPÍTULO

13

AMOR-ESPERANZA-FE

EL AMOR ES LA MÁXIMA EXPRESIÓN DE NUESTRA FE

Dios me interrumpió un día mientras leía 1ra de Corintios 13:13. Había leído ese pasaje sobre la fe, la esperanza y el amor muchas veces, pero esa mañana, una pregunta salió de la página. ¿Por qué Dios considera el amor como el más grande de estos? Sin duda la fe es la respuesta, después de todo ¿no dice el libro de Hebreos que sin fe es imposible agradar a Dios? Oré y luché con este pasaje por dos semanas tratando de entender lo que Dios quería decir.

"Señor, no entiendo esto" clamé y Él respondió

Ron, cuando me recibiste por medio de la fe, ¿no recibiste una esperanza como nunca antes que tu vida podía ser diferente?

Asentí con la cabeza en respuesta a la pregunta, la cual llenó mi espíritu.

¿No se traduce esa esperanza en actos de amor, convirtiendo al amor en la máxima expresión de tu fe?

"Gracias Señor" pensé. "Me gusta eso"

El Señor habló de nuevo. *Piensa en los años antes que te convirtieras en un seguidor de Cristo. ¿No fue el amor el que te atrajo hacia mí? ¿No empezaste a tener esperanza de que la vida podría ser diferente? Como resultado, ¿No te llevó esa esperanza a recibirme por fe?*

La revelación me dejo sin aliento, hablando espiritualmente. Como seguidor de Cristo, mi fe me dio la esperanza como nunca antes la conocí, lo que dio como resultado actos de amor para con otros; sin embargo, antes de decidir seguir a Jesús, ver los actos de amor de otros cristianos me dio un panorama de esperanza y como consecuencia di pasos de fe hacia una vida con Cristo.

Nunca consideré los principios adicionales de "fe, esperanza y amor" y "amor, esperanza y fe", para un seguidor de Cristo el movimiento avanza de la fe, a la esperanza y al amor, mientras que para el no cristiano, el movimiento fluye al revés, del amor, a la esperanza y a la fe.

Mientras reflexionaba en este nuevo entendimiento, Dios continuó dándome su percepción.

Sé que me amas Ron, pero has tratado de alcanzar a las personas en la base de la fe. Dios hizo una pausa cuando las palabras tomaban sentido.

Deja de alcanzarlos con base en la fe y enfócate en el amor, ama a las personas Ron. Atráelas con amor, no tienes que salvar a las personas; yo atraeré a todos los hombres hacia mí. Sólo prepárate para dar respuesta de la esperanza que está en ti, Yo los voy a salvar.

Esta revelación cambió mi entendimiento del cristianismo, sentí una nueva libertad de amar a las personas, sin condenarlos. Mi deber no era juzgarlos o cambiarlos, yo sólo tenía que amarlos; Dios los va a atraer, salvar y cambiar, no yo.

CONSTRUIR UN PUENTE DE ESPERANZA

Las personas tratan de darle sentido al mundo mediante sus cinco sentidos físicos: vista, oído, olfato, tacto y gusto. En cambio, la fe no consiste en sentidos, la fe no se puede percibir a través de ninguno de los sentidos; por lo tanto, los inconversos necesitan un método diferente para el entendimiento espiritual. La respuesta es el amor; Dios va a atraer si yo demuestro mi amor, una vez que Dios los atrae, yo necesito estar preparado para dar respuesta de la esperanza que está en mí.

El amor viene primero, si nosotros nos conducimos con amor, Jesús los atraerá a Él. La iglesia debe responder amando a nuestra comunidad en formas prácticas. Usar herramientas como el mapa de asesinatos, comunica visualmente el quebrantamiento y los retos que hay en nuestra ciudad y ayuda a encender la pasión y urgencia por alcanzar a las personas en nuestra ciudad.

Los líderes pueden ayudar a su congregación a darse cuenta de las necesidades de la ciudad enfocando su atención, afecto y acciones hacia una comunidad en necesidad que reta a las personas a vivir una vida en completa sumisión a Dios. Si vamos a transformar el quebranto de nuestra ciudad, nosotros como líderes debemos crear lugares consistentes donde los creyentes puedan relacionarse con los no creyentes para que nuestras congregaciones puedan ser tocadas por lo que rompe el corazón de Dios. Él se mueve poderosamente cuando su gente se levanta de los asientos y sale a las incómodas y desconocidas calles alrededor de nuestra ciudad.

Después del amor sigue la esperanza, este es el punto fundamental para nosotros como seguidores de Cristo debido a que determina nuestro foco de acción, intención y motivación. La mayoría de las personas desean un trabajo gratificante, una gran educación o una buena vida; no obstante, nuestra esperanza como cristianos está centrada en una relación con Cristo, la cual tiene consecuencias eternas.

La fe une a las personas a Cristo y a la iglesia, que es la familia de Cristo.

En todo lo que hacemos, somos nosotros los que estamos siendo cambiados. Discipular a otros significa aplicar las verdades de la Palabra de Dios en nuestra vida diaria, hacer que Jesús sea irresistible.

El liderazgo modela cómo compartir el Evangelio, cuando una congregación ve cómo un líder se involucra con regularidad y guía con amor, se dan cuenta de cómo se puede expresar el amor de Cristo de manera genuina y práctica. Cuando los líderes no tratan de sermonear siempre o no son hostigosos, otros se dan cuenta que ellos pueden hacer los mismo. Nos ven levantando basura, podando el césped y reconocen que no es necesario un título en estudios bíblicos, pues lo espiritual se hace práctico y fácil de seguir.

PONER A LOS INCONVERSOS COMO PRIORIDAD

Cuando vamos casa por casa a repartir galletas, no solo invitamos a las familias a unirse a nuestros programas de apoyo a niños y adultos, les preguntamos si podemos orar por ellos, a los que nos responden que no quieren que oremos, con una sonrisa reducimos la incomodidad y les sugerimos orar por una mascota de la familia; aligerar el ambiente haciéndolos reír hace que la mayoría estén abiertos a aceptar la oración que ofrecemos.

Nuestras oraciones por lo general son cortas, de 10 a 15 segundos y evitamos palabras rebuscadas. En verdad esperamos que las personas rindan sus vidas a Jesús y al mismo tiempo reconocemos que nosotros necesitamos ser cambiados, tanto como cualquier otra persona.

Vivir de manera intencional para Jesús es muy gratificante y enriquecedor. Jesús es el que salva a las personas, no nosotros; nosotros sólo tenemos que amar a las personas y siempre estar preparados para dar respuesta de la esperanza que está en nosotros. Cuando las personas se llenan de esperanza, entonces podemos conectarlas a la iglesia local, la organización que hace discípulos que Dios diseñó.

En la iglesia Bridge, las personas pueden pertenecer incluso antes de que crean en la Palabra, no tienen que rendirse a Cristo antes de explorar lo que significa rendirse. Esto es posible debido al liderazgo de Bridge, que de manera intencional pone el ejemplo de amor a los inconversos en la iglesia. El liderazgo pone las necesidades de los inconversos por encima de cumplir las necesidades o deseos de los que asisten de manera regular a la iglesia. Entre más pasa esto, los miembros de la iglesia entienden mejor que la iglesia no se trata de ellos.

Años después de servir en varias colonias, nos acercamos a la casa de una mujer cuando regresaba a casa del trabajo. Antes de apresurarse a entrar a su casa, se dio la vuelta viendo hacia nuestro equipo. "Ya sé quiénes son, son la iglesia Bridge, son los que hacen que sea difícil para las personas decirle no a Jesús"

Wow, resumió nuestra esperanza de ser sal y luz. La iglesia en verdad se hace más fuerte cuando nos levantamos de nuestros asientos y salimos a las calles.

CREAR UN ESPACIO DE ESPERANZA DENTRO DE LA IGLESIA

La esperanza está en el centro de ambas ecuaciones, uniendo la fe y el amor. El puente de la esperanza abarca la distancia que hay entre el amor y la fe y construye un camino hacia Dios.

Para complementar la idea del amor-esperanza-fe, el liderazgo de Bridge empezó a dialogar sobre cómo aplicar vínculos entre los tres conceptos. Estábamos más relacionados con el servicio del domingo en la mañana como un espacio de fe, pero para los inconversos como Bryson, el paso del amor a la fe era demasiado grande como para saltar sin el espacio de la esperanza. Esto llevaría a la frustración, dando como resultado una distancia más amplia. ¿Cómo podría Bryson avanzar de recibir amor en una fiesta en la calle a experimentar la fe en la iglesia?

Entre más orábamos y dialogábamos al respecto, más nos dábamos cuenta que necesitábamos crear un espacio de esperanza, no otro espacio de fe. Nuestros espacios de amor, (las fiestas en la calle, la limpieza de las colonias y otro tipo de alcance comunitario) atraen a los inconversos; no obstante, necesitamos un puente de esperanza que conecte al amor con la fe. La iglesia Bridge tenía que crear un espacio de esperanza si queríamos que los inconversos exploraran el seguir a Jesús.

La iglesia es la respuesta, la esperanza del mundo; pero no la iglesia como la habíamos experimentado en el pasado. Los que ya habían sido "convencidos" tenían información suficiente, estaban bien alimentados, pero probablemente mal dirigidos. Ya no podía seguir amontonándome en espacios de fe, como los servicios de alabanza y adoración, escuelas dominicales y estudios bíblicos, mientras el mundo a mi alrededor moría. Necesitábamos hacer un puente del amor hacia la fe, así fue como Bridge empezó, iniciando los servicios del domingo en la mañana como un espacio de esperanza.

En la iglesia Bridge el servicio de domingo en la mañana es un espacio de esperanza de "ven tal cual eres". El servicio es una oportunidad de transición para que los inconversos se relacionen con los cristianos de una manera que aliente su vida. La música es alegre, festiva y con mucha energía. Las predicaciones animan a los inconversos a dar el siguiente paso de fe y los miembros de Bridge hacen relaciones de amistad.

CREAR UNA CULTURA DE ESPERANZA DENTRO DE LA IGLESIA

¿Cómo crear una cultura de esperanza dentro de la iglesia donde los inconversos se sientan valorados y atraídos? ¿Cómo edificar iglesias que construyan un puente hacia Dios?

Si la meta es alcanzar a los perdidos, los cristianos deben empezar apasionándose por ganar a los perdidos. Tenemos que ignorar los comportamientos nocivos de la gente. Los niños indisciplinados o los adultos irrespetuosos no saben las reglas no escritas de la iglesia si nunca han estado dentro de ella. La vida es complicada, la iglesia debe aceptar a las personas complejas para que suceda una auténtica transformación. Jesús lavó los pies sucios y sanó a leprosos inmundos. Las personas radicales que cambiarán al mundo tienen que poner manos a la obra y ensuciarse un poquito. Como líderes necesitamos sacrificar nuestras preferencias y empezar en donde están los perdidos si es que queremos impactarlos.

Crear una cultura de esperanza no sucede por accidente. El liderazgo tiene que dar ejemplo del comportamiento que se espera y guiar a la congregación a la formación práctica para que ellos se puedan movilizar a capacitar a otros y que el efecto se multiplique por medio de toda la iglesia.

Una expectativa en Bridge es la "regla de tres minutos". Los primeros tres minutos antes y después del servicio, se espera que nuestra gente salude y conozca personas nuevas. Los líderes llevan a cabo cuatro hábitos: chocar las manos, apretón de manos, conversaciones sinceras y abrazos de lado, para que los miembros de la iglesia salgan de su zona de confort y empiecen a darle la bienvenida a los inconversos y los involucren.

La iglesia Bridge de manera intencional ha implementado otras acciones para crear una cultura de gozo y dinamismo. Nuestra meta es que los niños pasen su mejor hora de la semana en la iglesia. La música positiva levanta el ánimo, hay un DJ que pone música en el estacionamiento y el equipo de bienvenida saluda a la gente que va pasando en sus carros y también a los que entran a la iglesia. Queremos que todos se sientan valorados, amados y bienvenidos. Todo esto sucede antes de que empiece nuestro servicio de una hora. Queremos crear un ambiente de "celebración antes de la celebración".

¿Te acuerdas de los niños de la calle de África? Cuando me di cuenta que las creencias se formaban y no informaban, también cambió mi forma de predicar. Una predicación no era suficiente, mi enfoque cambió de "informar" a "formar" a Cristo en las personas. Estaba consciente de las palabras, sin asumir que mi audiencia conocía el léxico de la iglesia, mis predicaciones estaban llenas de historias de la vida real, medidas de acción tangibles, seguidas de lugares donde las personas puedan poner en práctica lo que creen junto con el liderazgo de la iglesia.

La iglesia Bridge pone en práctica tres espacios de fe: grupos pequeños, discipulado personal y las noches de alabanza de Bridge, para que los creyentes se afiancen en su fe y para que sean preparados para ser personas radicales que cambiarán al mundo. Los espacios de fe permiten que la fe se profundice y añade responsabilidad y discipulado. Cuando las personas se relacionan unas con otras en grupos pequeños, también se alientan a crecer en las dos áreas: *atender* y *extender*. Los asistentes estudian la Biblia juntos dos veces al mes y las otras dos semanas sirven juntos en las colonias. Esto ayuda a los miembros de los grupos pequeños a equilibrar su crecimiento en su relación con Jesús y los impulsa a ir a las calles en una relación con propósito en Jesús.

ESA ES UNA IGLESIA A LA QUE PODRÍA IR

Hace poco un miembro de una de las iglesias aliadas de Bridge tuvo algunos problemas con un jefe que no iba a ninguna iglesia. Su jefe no podía entender por qué a ella no le gustaba trabajar los domingos. Cuando su jefe proporcionó comida para un evento de ABIDE, él escuchó acerca del mapa de asesinatos y de la misión de transformar las colonias marginadas una colonia a la vez.

Se quedó atónito y luego le contó "Ahora entiendo por qué vas a la iglesia, esa es una iglesia a la que yo podría asistir".

Las personas reales quieren respuestas reales de por qué la fe debe impactar. Si los inconversos van a experimentar las buenas nuevas de Jesucristo, los cristianos deben de levantarse de sus asientos y salir a conquistar las calles y hacer algo que marque la diferencia.

El amor en verdad abre corazones, la esperanza une la separación y la fe transforma vidas y transforma colonias.

DOMINICK

Dominick era un jovencito consumido por la ira debido a un hogar inestable. Muchos hombres llegaron y se fueron, incluso su favorito, que murió de apnea del sueño en su casa. La inestabilidad llevó a Dominick y a su hermano Tyron a buscar en las calles hombres que fueran su ejemplo a seguir. Por lo tanto, los dos muchachos se unieron a pandillas a muy temprana edad.

Dominick se tambaleaba entre la prisión y la muerte; al principio de la secundaria expulsaron a Dominick por participar en una pelea en la que se fracturó el pómulo, casi al mismo tiempo llegó a la iglesia Bridge por medio de su hermano menor Bryson.

A causa de nuestra presencia en las colonias, Dominck vino a la iglesia buscando algo qué hacer; tuvimos que controlarlo muchas veces por empezar peleas, cada vez que se llenaba de ira sus ojos se ponían en blanco y sin expresión alguna, como si estuviera poseído, parecía otra persona cuando su ira explotaba.

Vinculé a Dominick con una escuela cristiana dedicada a dar cuidado individual a los niños que no tenían éxito en las escuelas públicas. Dominick siguió asistiendo a la iglesia y haciendo relaciones que lo mantenían alejado de sus amigos de las pandillas.

Luego, una tormenta golpeó la vida de Dominick.

Encarcelaron a su mamá por agresión en una pelea en el bar. Al quitar la estabilidad que su mamá aportaba a la familia, su abuela llegó a cuidar a Dominick y a sus cuatro hermanos.

Una tarde Dominick visitó a Roscoe, un amigo que vivía en la esquina de nuestra cuadra. Por años traté de relacionarme con Roscoe, pero él decidió unirse a una pandilla por los lazos familiares. Su deficiencia mental lo hacía un blanco fácil, cuando la pandilla necesitaba a quién echarle la culpa, Roscoe era el indicado.

Minutos después de que Dominick se fuera a su casa, un carro que iba a toda velocidad dio vuelta en la esquina y le disparó a Roscoe. Las últimas palabras de Roscoe resonaron en la colonia cuando los de emergencias lo llevaban en la camilla. "No me quiero morir. No me quiero morir. No me quiero morir"

Roscoe murió en el hospital a los 16 años de edad. Dominick prometió vivir de manera diferente y dedicó su vida a Jesús a causa de la muerte de su amigo. Dominick fue a un viaje misionero corto con Bridge a El Carmen, México, un pequeño pueblo a las afueras de Monterrey, estando allí, pidió que el equipo orara por él, después de la oración Dominick compartió: "Se siente como si algo estuviera saliendo de mi".

Regresó a las colonias marginadas con un nuevo estilo de vida, la ira que alguna vez consumió a Dominick se había apagado, asumió puestos de liderazgo en Bridge y se graduó; trabajó en sus habilidades de empleo con el personal de ABIDE y consiguió su primer trabajo.

A través del amplio enfoque de amor, esperanza y fe de la iglesia Bridge, Dominick ha tenido una familia en Cristo que lo apoya y que estuvo con él en las buenas y en las malas. El puente de amor, esperanza y fe, dio como resultado que Dominick llegara a Cristo y que tuviera éxito en su trabajo.

ABIDE:

INVERTIR EN LÍDERES

CAPÍTULO
14

DESARROLLAR
LÍDERES RADICALES

MYRON

Myron vivía con su papá, un proxeneta y con su mamá, una prostituta, en los pequeños departamentos subsidiados por el gobierno en la calle de enfrente de lo que algún día se convertiría en la iglesia Bridge. Se hizo parte de una pandilla y se metió en problemas a temprana edad; después de varios enfrentamientos con la ley, Myron y sus amigos le robaron al dueño de un negocio; cuando el dueño se defendió Myron intentó disparar su arma, pero el gatillo estaba atascado, se dispersó al igual que el resto de la pandilla, pero se topó con un oficial de policía que estaba fuera de servicio y lo arrestó, sus amigos escaparon.

Myron llamó a su abuela. "Me metí en problemas otra vez" No pudo retener sus emociones. "Lo siento mucho, te amo". El consuelo de su abuela resonaba en sus oídos al llamar a su novia para terminar su noviazgo ya que le dieron 200 años en prisión.

Colgó el teléfono y cayó sobre sus rodillas llorando. "Dios si me cambias, te serviré".

Myron recibió una sentencia reducida, pero aun así enfrentó 35 años en la cárcel; estando en prisión, Dios llenó a Myron con su amor, por lo tanto, siempre estaba feliz y sonriendo, los guardias pensaban que se drogaba y con regularidad le hacían análisis de drogas, pero el gozo del Señor era la razón de su felicidad. Myron les daba palabras de bendición a los otros internos y repetía las palabras de Jeremías 29:11 en voz alta frente al espejo en su celda "Porque yo sé muy bien los planes que tengo para ustedes —afirma el SEÑOR-, planes de bienestar y no de calamidad, a fin de darles un futuro y una esperanza." (NVI), Myron obtuvo su diploma de la preparatoria y se inscribió en una Universidad cristiana en línea. Dios le mostró su favor cuando redujeron su sentencia aún más y lo mandaron a unas instalaciones con libertad para trabajar.

En ese tiempo yo había estado orando para que Dios enviara a un líder afroamericano joven que hubiera experimentado las dificultades de las colonias marginadas para que nos ayudara en ABIDE y Bridge. Unas semanas después Kristin, que había estado asistiendo a Bridge por varios años, quería que su novio compartiera su testimonio. En unas semanas Myron de 25 años de edad se unió al personal de ABIDE/Bridge y yo empecé a asesorarlo cada semana mientras terminaba su programa de trabajo. Nuestro personal testificó en su audiencia de libertad condicional y se la otorgaron.

Dios contestó mi oración, el gozo de Myron y su conexión inmediata con los jóvenes hizo crecer el grupo de jóvenes de 40 a 200. Concluyó la universidad con una licenciatura en estudios pastorales y se casó con Kristin, ahora tienen tres hijos y Myron es líder en el equipo de pastores de Bridge. Aunque ha tenido muchas oportunidades de dejar las colonias marginadas, decidió quedarse como líder y transformar la colonia donde creció y ministrar las necesidades de su comunidad.

LOS LÍDERES IMPULSAN EL CAMBIO

Los líderes impulsan el cambio en una comunidad. Las personas seguirán a los líderes ya sea que los líderes sean positivos o negativos. El agobiante mantra de "trabaja arduamente, estudia y vete de las colonias marginadas" ha dado como resultado la salida de muchos líderes de la comunidad. Los líderes negativos que quedan influencian a las generaciones jóvenes a acercarse a las pandillas, drogas y al crimen.

La violencia generacional no puede subestimarse, si no intervenimos, la cultura de violencia seguirá creciendo. Estar expuesto con frecuencia a la violencia, el miedo y al sufrimiento, altera el sano desarrollo y hace a los niños vulnerables al estrés traumático. Cuando los niños no se sienten seguros y sienten autodesprecio, el resultado es inseguridad y desconfianza, se destruyen los valores morales.

"Las personas de fuera" que se mantienen al margen y proponen cambios en una comunidad donde no viven, ni sirven, hace que perdure la desconfianza y además aleja a la comunidad de tomar la delantera. Revitalizar las colonias marginadas empieza con el desarrollo de líderes dentro de la comunidad por medio de la capacitación práctica y de asesoramiento.

Desarrollar líderes radicales está en el corazón de ADIBE y la iglesia Bridge. Por medio de programas prácticos y de desarrollo de líderes, nuestro enfoque es capacitar líderes que puedan orientar y conducir a donde Dios los dirija.

El Club de Niños empezó como un sistema de alcance para niños de primero a tercer grado, pero cambió para enfocarse en niños de cuarto a sexto grado. Por cuatro semanas durante el verano ABIDE/Bridge expone a los niños a oportunidades que no son de fácil acceso para ellos, los jóvenes líderes visitan universidades y la biblioteca, van a excursiones para observar cómo se hacen algunos trabajos, sirven en proyectos de las Casas de Luz y hacen presentaciones para las iglesias aliadas de ABIDE.

El programa de prácticas profesionales de verano está abierto para los egresados de la preparatoria y para estudiantes de universidad. Viven en una Casa de Luz todo el verano y sirven de varias maneras, al mismo tiempo estudian libros de liderazgo para desarrollar sus habilidades como líderes.

Las barreras financieras pueden evitar que aquellos en las colonias marginadas puedan explorar el llamado de Dios a sus vidas, para ayudar a superar esos obstáculos, ABIDE recauda fondos para invertir en estos líderes, ofreciéndoles trabajo como personal de ABIDE/Bridge, donde son asesorados por otros miembros del personal, además de darles capacitación práctica en experiencias y exponerlos a diferentes recursos mientras van creciendo como líderes.

Por medio del enfoque en las colonias, muchos jóvenes son asesorados por los habitantes de las Casas de Luz y por otras personas de la familia de Bridge. Uno de los líderes de mantenimiento de Bridge se puso en contacto con un niño llamado Antoine y el impacto ha sido poderoso por cómo ha crecido el jovencito en un líder muy fuerte.

ANTOINE

A la edad de 12 años, la vida de Antoine dio un gran giro en dirección equivocada. Siendo uno de los 26 hijos del lado de su papá, casi no se relacionaba con su papá quien entraba y salía de su vida; vivía con su mamá y hermanas en un hogar disfuncional, lleno de caos y drama, el enojo y el resentimiento crecieron dentro de él amenazando con estallar.

Su familia se mudaba de casa en casa, la mayoría de los días con muy poco para comer. Peleas constantes entre sus hermanas y su mamá retumbaban en las paredes. Cuando su amigo invitó a Antoine a un proyecto de renovación de una Casa de Luz de ABIDE, seguido por una noche en el Centro de Diversión Familiar, sintió una alegría, porque por fin tenía un medio para descargar su ira.

Por primera vez en su vida, se relacionó con gente a la que le importaba. A través de su experiencia, Antoine se involucró con los eventos de fortalecimiento de la comunidad y programas de apoyo a la familia de ABIDE. Hacía sus tareas en el Centro de Aprendizaje y pasó todas las materias que había reprobado y en lugar de quedar suspendido, Antoine permaneció en la escuela. Cuando perdió a uno de sus primos por la violencia de pandillas, Antoine no tomó represalias a pesar de la presión de su familia y amigos. Las relaciones que tenía con Bridge le permitieron resistir la fuerte atracción a hacerse respetar, esto mostró un gran crecimiento en Antoine, considerando que meses antes tuvimos que frenarlo cuando unos de sus amigos lo alentaron a meterse en una pelea.

Antoine empezó a ayudar en otros proyectos de Casas de Luz, al trabajar a lado del director de mantenimiento de ABIDE, Antoine encontró un medio para descargar su dolor y enojo. A Antoine le gusta mucho trabajar con sus manos y aprender nuevas habilidades; el director de mantenimiento lo trataba como un líder y superó las expectativas. Escuchar que podía hacer grandes cosas con su vida ayudó a Antoine a enfocarse en sus metas en lugar de enfocarse en la siguiente pelea.

La historia de Antoine aun no termina; el curso de su vida cambió gracias a la intervención de ABIDE y el enfoque en las relaciones de amistad; para jóvenes cuyas vidas han estado llenas de traumas y disfuncionalidad, ABIDE desarrolla el liderazgo en un entorno de amor estable y coherente.

15

ENVIAR LÍDERES EMERGENTES

EL LIDERAZGO DE LA IGLESIA

El modelo de liderazgo de la Biblia para los cristianos maduros se encuentra en el capítulo 4 de Efesios que describe cinco funciones de liderazgo: pastor, maestro, apóstol, profeta y evangelista. Las cinco funciones son diseñadas para equipar a las personas radicales que cambiarán al mundo para realizar acciones que ministren al mundo en quebranto que está a su alrededor.

El pastor se preocupa y equipa a las personas para suplir las necesidades de los que están sufriendo con compasión.

El maestro trae conocimiento y saca la sabiduría de las Escrituras, los mejores maestros no enseñan por el beneficio del conocimiento, más bien, preparan a las personas con oportunidades de acercarse más a Jesús, con el fin de vivir una relación firme con Él y poder impactar a otros.

El apóstol abre nuevos caminos impulsando a las personas hacia la siguiente montaña. El apóstol desafía a las personas a levantarse de sus asientos y salir a conquistar las calles para hacer la diferencia en el mundo.

El profeta funciona como compás ayudando a las personas a mantenerse firmes en su relación con Jesús, sacrificando su vida por otros. El profeta desafía a la iglesia y corrige a otros líderes cuando es necesario.

El evangelista da el ejemplo de compartir nuestra fe; este líder proporciona maneras y lugares donde los cristianos pueden practicar el compartir su fe con sus vecinos.

Los cinco tipos de líderes están desarrollando sus dones de manera activa, la iglesia no se torna hacia adentro, al contrario, se consigue un ritmo entre ministrar a aquellos que están dentro de la iglesia y alcanzar a aquellos fuera de la iglesia.

En mi experiencia asesorando a líderes de diferentes iglesias, el liderazgo en la iglesia estadounidense de hoy está centrado en el pastor y el maestro. Yo hice lo mismo al ayudar plantar otras cuatro iglesias antes de Bridge. En gran parte ignoré a los líderes que *extienden* (apóstoles, evangelistas y profetas) y me enfoqué en *atender* a los miembros de la iglesia por medio de los pastores y maestros.

En lugar de colocar el liderazgo de forma estratégica, las iglesias por lo general impulsan a los que tienen el don de *extender* a puestos donde *atienden,* como maestros de escuela dominical o como moderador de estudios bíblicos; como resultado, muchos apóstoles, evangelistas y profetas han empezado organizaciones no lucrativas para impulsar el cambio sin el respaldo de una iglesia local. Efesios 4 debe ser el modelo para edificar el liderazgo en nuestras iglesias.

Así como el cuerpo físico tiene muchos sistemas, incluyendo el respiratorio, cardiovascular y el sistema óseo, los cuales permiten que el cuerpo funcione; una iglesia sana tiene tres sistemas: atender, extender y enviar. Una iglesia sana debería de dar a luz más iglesias sanas al enviar a sus líderes a reclamar nuevos territorios. Alcanzar y levantar líderes no es suficiente. La iglesia necesita enviar líderes a hacer el trabajo que Dios ha planeado.

Así como el nacimiento de un hijo, dar a luz líderes es doloroso. Como líderes, nosotros cuidamos de nuestros hijos espirituales, permitiéndoles fallar en el proceso de crecimiento, cuando llegue el tiempo de dejarlos ir, nuestros corazones sienten el corte de los lazos que se formaron con los años que estuvieron juntos, por más que queramos aferrarnos, tenemos que confiar en Dios, porque Él siempre tiene planes más grandes.

Levantar líderes para ser enviados requiere una mentalidad de Reino, en lugar de una mentalidad congregacional. Así como Dios me recordó que mis hijos no eran míos, los líderes que están debajo de mí, no son mis líderes; así como mis hijos, me han dado a estos líderes por una temporada, para ser enviados cuando el tiempo sea correcto.

En ABIDE y la iglesia Bridge Dios nos está pidiendo que enviemos a nuestros líderes en fe, incluso antes de que otros líderes entren a llenar los puestos que quedan vacíos. Cuando eso conduce a noches sin dormir, Dios quiere que me arrodille a pedirle que levante líderes emergentes que Él quiere usar durante la nueva temporada.

Los planes de Dios siempre son más grandes que los nuestros. Hace poco se abrió una oportunidad de plantar ABIDE/Bridge en otro estado; esto significa enviar tres líderes importantes y a sus familias a mudarse. A pesar de que esto no es fácil, el crecimiento del Reino significa dejar ir y permitir que Dios obre.

DEJAR IR

La verdadera prueba en dejar ir llegó cuando me retiré como director general de ABIDE y renuncié al puesto de pastor titular de Bridge. Vi surgir líderes jóvenes y supe que había llegado el momento de dejar ir. Si no dejaba que los líderes jóvenes dieran un paso adelante, se iban a ir y yo quería que ABIDE y Bridge prosperaran bajo su liderazgo.

Mi hijo Josh recibió una beca en basquetbol para jugar con la Universidad Creighton en Omaha después de la preparatoria. Se unió al equipo y trabajó mucho, queriendo dejar atrás las colonias marginadas cuando se graduara. El miedo al peligro constante desgastó a Josh y se dio cuenta que el basquetbol era su boleto para salir del lugar donde había crecido.

Una lesión en la rodilla en su primer año de universidad cambió su perspectiva, en su segundo año, Josh decidió seguir el sueño de Dios en vez de el suyo, cuando sintió a Dios preguntando si estaba dispuesto a servirle al 110%

El siguiente año Josh se casó con Jennifer, una muchacha que conoció en la iglesia Bridge y se mudaron a un cuarto en ABIDE para esperar la dirección de Dios.

Myron vivía en el sótano en ese tiempo y los dos empezaron a trabajar juntos en el gimnasio y formaron un lazo muy fuerte, a pesar de las diferencias en su crianza, Josh admiraba la fe contagiosa de Myron y los obstáculos que había superado.

Un mes después, al amigo de Dominick, Roscoe, le dispararon en la esquina de nuestra calle. Sus últimas palabras resonaban en la colonia. "No me quiero morir. No me quiero morir. No me quiero morir".

Esto impactó a Josh, así como a mí me afectó el asesinato de Carissa y Chloe. Josh se le quedó viendo a la cara en el ataúd y vio al jovencito que alguna vez corrió de arriba abajo en nuestra calle. Aun en la muerte, Roscoe no emitía paz. Los miembros de las pandillas estuvieron con el cuerpo prometiendo venganza. Josh casi pudo escuchar la voz audible de Dios. *¿Qué papel puedes tomar en la vida de jóvenes como Roscoe?*

Dios encendió el afecto de mi hijo por el sufrimiento que hay alrededor de él por medio de la muerte de ese niño de 16 años. Como yo, Josh imaginó un futuro viviendo en cualquier otra parte, pero Dios lo llamó a mejorar el trabajo de ABIDE y de la iglesia Bridge en las colonias marginadas.

Cuando Josh se graduó con una licenciatura en relaciones públicas, rechazó la oportunidad de jugar basquetbol en el extranjero. Un compromiso de trabajar unos cuantos meses con ABIDE/Bridge se ha convertido en un compromiso duradero.

Con el tiempo Josh y Jennifer se mudaron a la Casa de Luz de Fowler donde los dos se han comprometido a edificar una gran ciudad, una colonia a la vez. Hoy en día tienen tres hijos, Joshua, Joseph y Juliana a quienes están preparando para ser personas radicales que cambiarán al mundo.

Josh admite que nunca tuvo la intención de llevar el liderazgo de ABIDE y de la iglesia Bridge, pero puede ver cómo Dios lo posicionó años antes de que él pudiera vislumbrar el sueño. Josh ha mejorado la visión y ha proporcionado un firme liderazgo a ABIDE y Bridge.

ABI**D**E:
DIVERSIDAD

UNA IMAGEN DEL CIELO EN LA TIERRA

El Problema con la Diversidad

Eché un vistazo a las caras afroamericanas a mi alrededor, emocionado con la posibilidad de aliarme con 40 pastores afroamericanos en las colonias marginadas.

"Bueno, como pueden ver" el pastor me presentó y asintió con la cabeza hacia donde yo estaba. "Tenemos otro hombre blanco tratando de hacer lo mismo que los blancos han querido hacer en nuestra comunidad, aunque ya sabemos que no va a funcionar".

Todo eso por mis grandiosos planes de reconciliación racial. Mi corazón se desplomó al ir al escenario, mis rodillas temblaban de manera visible. La franqueza de la cultura afroamericana me hacía temblar.

Aclaré mi garganta en un intento por recuperar la calma. El color rojo fluyo por mi pálida piel ahora empapada de sudor. "yo, mmm, quería pedirles apoyo para promocionar una conferencia de pastores".

Los volantes que llevaba se movían con el temblor de mi mano. "Umm, aquí hay información que pueden darle a sus líderes si fueran tan amables".

Evité contacto visual y me apresuré para bajar del escenario. *¿En qué estaba pensando? ¿Cómo podría esperar hacer la diferencia en las colonias marginadas, si no podía superar la tensión racial que separaba a blancos y a afroamericanos?*

LA HISTORIA DE DOS RONS

Mi amigo Ron, a quien yo en amor llamaba Ron afro, porque es afroamericano, con frecuencia iba conmigo cuando daba discursos sobre la reconciliación racial.

Ron afro le admite a la audiencia que él odiaba a los blancos al crecer en las colonias marginadas de Chicago. Él creía que los blancos tenían todo el dinero, así que la única forma que él podía escapar de la pobreza era robarle a su enemigo, como resultado Ron afro pasó su tiempo dentro y fuera de la cárcel. Un robo a mano armada lo llevó a una celda en espera de su juicio. Asistió a un estudio bíblico ahí en la prisión, porque le prometieron donas gratis y un encuentro con Dios. Esa noche Dios le dio una experiencia fuera de su cuerpo, donde él pudo ver su cuerpo físico aplastado en un camión de basura mientras que sus gritos alteraron a los espectadores que cada vez eran más. Su antigua vida se había ido, Dios hizo a Ron una nueva criatura.

Milagrosamente Ron afro fue absuelto y conoció a un hombre blanco dueño de un negocio y le ofreció trabajo. Él y su esposa dejaron de vivir en el proyecto de viviendas más violento de Chicago y se mudaron a una casa en Sioux City en Iowa.

Por primera vez en su vida Ron afro se topó con blancos que son pobres y sus experiencias empezaron a cambiar sus creencias. Se mudó a Omaha y se convirtió en un capellán de la cárcel. La vida de Ron afro pronto se cruzó con la mía.

En frente de la misma audiencia, Ron afro paraba de contar su historia y yo empezaba la mía. Hasta que yo (Ron blanco) me mudé a las colonias marginadas, yo culpaba a los afroamericanos del crimen y la violencia en la ciudad. Ron blanco juzgaba gravemente a los afroamericanos como irresponsables y flojos. Ron blanco quería que los afroamericanos dejaran de quejarse y no se hacía responsable por la parte que le tocaba en la injusticia diciendo que la esclavitud había terminado hace mucho.

Aunque en verdad, juntos somos mejores, estos dos Ron representaban el problema de la diversidad. Ron blanco no ve su grande "privilegio" y no aceptaba su responsabilidad en la injusticia y Ron afroamericano estaba atascado en el enojo y frustración de la "inferioridad". Él está cansado de que se aprovechen de él, así es que Ron afroamericano no está dispuesto a trabajar con Ron blanco porque él "ya ha estado ahí y ha hecho eso". Los dos Rons personifican las opiniones dominantes de sus comunidades individuales. Hasta que afroamericanos y blancos reconozcan que ambas partes tienen responsabilidades y un mejor futuro juntos, no podremos caminar juntos, porque no podemos ni siquiera hablar juntos.

EL PODER DE LA DIVERSIDAD

Dios es el creador de la diversidad. Él hizo la hermosa variedad de tonos de piel y color de ojos. Él entiende todos los idiomas y conoce cada corazón. La diversidad puede ser una poderosa imagen del cielo en la tierra. La Biblia dice que cada nación, tribu, pueblo y lengua se reconciliarán en el cielo. ¿No deberíamos esforzarnos por esto aquí en la tierra, adorar juntos con todos nuestros hermanos y hermanas?

Las personas radicales que cambiarán al mundo pertenecen a una iglesia con muchas expresiones, pero las barreras étnicas y culturales han mantenido a la iglesia sin poder progresar en un mundo diverso y en conflicto. La iglesia debe perseverar a través de los desafíos y edificar una familia multiétnica, multicultural y multigeneracional para derribar las barreras y convertirse en una expresión del Reino de Dios a lo largo de la ciudad.

El poder de la diversidad es esencial en la iglesia, de otra manera la ciudad no será transformada por el Evangelio. Si los miembros de la iglesia no se llevan bien unos con otros, ¿Cómo podemos esperar que grupos de personas diversos en nuestra ciudad se lleven bien? Antes de que Jesús fuera traicionado, su oración en Juan 17 reconoce la diversidad, al pedirle a Dios que una a los creyentes para que el mundo crea. Esta oración de diversidad representa el corazón del Rey para el Reino. Él envió a su hijo a morir para que un mundo destrozado encontrara esperanza.

Tomar responsabilidad es la base del centro del conflicto persistente. En general, la mayoría de las personas blancas en Estados Unidos no ven el dolor, el daño e injusticia del conflicto racial; por lo tanto, no toman responsabilidad de la tensión racial en la sociedad. Por otro lado, muchos afroamericanos están enojados por la injusticia y la falta de empatía e interés de los blancos. El resultado es un círculo vicioso.

Imagina un juego de beisbol donde el equipo local está ganando, en la séptima entrada el árbitro descubre que el equipo local ha estado haciendo trampa. El equipo local se disculpa, el marcador se queda igual y se reanuda el juego. Es injusto, ¿verdad?

Lo mismo pasó con los afroamericanos. Por años la cultura dominante ha estado haciendo trampa, por medio de la esclavitud e injusticia para disculparse ya casi cuando el juego está por terminar; sin embargo, el marcador nunca cambió, por lo tanto, la comunidad que es minoría ha batallado para nivelar el campo de juego.

El movimiento de diversidad creciente está dando promesas de cambio, los jóvenes no tienen que pensar en estar juntos siendo blancos o afroamericanos, porque han experimentado la diversidad en la integración en la escuela y los cambios culturales.

Jamison un líder joven de la iglesia Bridge ejemplifica esto. Aunque se esperaba que se hiciera cargo de la iglesia que su papá pastoreaba, Jamison se sintió desconectado a la congregación de sólo afroamericanos. Él jugaba deportes en la preparatoria con una mezcla diversa de muchachos, de manera que él anhelaba la misma mezcla de razas en la familia de Cristo. Cuando Jamison ya no pudo vivir con la dualidad, tuvo que tomar una decisión; dejó la iglesia de su papá y se integró al equipo de liderazgo de Bridge. La decisión fue la más desgarradora que había hecho, porque su papá renegó de él. En medio de mucho dolor, Jamison eligió el valor de la diversidad del Reino en vez de la relación con su padre terrenal.

Se necesitan actos increíbles de valor para que el poder de la diversidad impacte nuestro mundo.

CÓMO EDIFICAR DIVERSIDAD EN EL REINO

¿Entonces cómo edificamos la diversidad? La iglesia necesita reunir un grupo de personas diversas alrededor de la ciudad para que las personas radicales que cambiarán al mundo puedan impactar el quebrantamiento. El enfoque debe ser la extensión del Reino, no la diversidad. La iglesia debe dejar pasar de escoger mi cultura (separación) y escoger tu cultura (asimilar) a la *reconciliación,* elegir la diversa cultura de Dios. Cuando la iglesia acepta el corazón de Dios por la ciudad, las verdaderas necesidades se entrelazan con el Evangelio y la iglesia atrae la diversidad por medio del trabajo en conjunto.

Se debe cultivar el liderazgo diverso. Esto se logra cuando seleccionamos de manera intencional líderes diversos, invirtiendo en ellos y ampliando su área de influencia. El antiguo modelo posiciona sólo a la persona a cargo de los recursos financieros a distribuir los recursos a otros, esto da la impresión de ser condescendiente y paternalista y de no valorar los dones de otros. Si la iglesia no cultiva la creencia de que todos tienen algo que ofrecer, el liderazgo diverso se ve limitado y a la larga se marcha.

La iglesia debe cultivar una cultura que atraiga la diversidad. El lenguaje y la música deben conectarse con los sentimientos y con el entendimiento de las personas. Una atmosfera de celebración y libertad de expresión fomenta la diversidad. La ubicación impacta aún más, captura la diversidad al considerar la ubicación en la ciudad donde más se concentre la diversidad. Valorar la diversidad en la comunicación debe enfatizarse constantemente. Uno de nuestros valores más importantes en la iglesia Bridge es que juntos somos mejores.

El creciente movimiento de diversidad en la iglesia debe ser innovador e incluyente. El vocabulario debe levantar el ánimo, realzando la belleza de la diversidad. Las conversaciones sobre el poder de la diversidad deben opacar los antecedentes de ignorancia y enojo. Luego se pueden abordar los problemas desde diferentes ángulos en busca de la reconciliación, en lugar de la confrontación. Cuando todos participan humildemente, los individuos descubren sus roles y sus voces. La iglesia debe dar el ejemplo de que en verdad juntos somos mejores.

Demarco, un afroamericano que fue miembro de una pandilla, sentía que era un extraño en la iglesia blanca a la que asistía su esposa. Las personas lo veían como necesitado y nunca como alguien que tuviera algo que ofrecer. Debido a que en Bridge las relaciones son recíprocas, todos participan y tienen algo en qué contribuir. Como resultado, Demarco ahora está involucrado por completo en la iglesia, el poder de la diversidad en verdad puede inspirar, influenciar y transformar nuestra ciudad.

CAPÍTULO
17

LO IMPORTANTE

ADN RADICAL

La diversidad no funciona si no tenemos el mismo ADN que nuestros hermanos y hermanas en Cristo. La rendición está en el centro de nuestro llamado como cristianos. Es fácil reconocer nuestra necesidad de un Salvador; pero es mucho más difícil darle el control a Él y rendir nuestras vidas a Jesús. Las personas radicales que cambiarán al mundo tienen que unirse bajo el mismo estandarte de amor. Nuestros tonos de piel pueden variar, pero nuestro ADN debe ser el mismo, el ADN de nuestro Padre.

El ADN de los cristianos debe reflejar nuestro llamado a ser personas radicales que cambiarán al mundo. Sabemos que Dios nos ama tal y como somos, pero nos ama demasiado como para dejarnos permanecer así. Dios nos quiere cambiar, hacernos crecer y nos quiere usar para cambiar al mundo. Al darle el control y rendir nuestras vidas a Jesús, Él empieza el proceso de transformación radical que se resume en el siguiente acrónimo:

Relentless for God (Incansables para Dios)
Abuntant in life (Abundantes en la Vida)
Diversity from Heaven (Diversidad del Cielo)
Identity in Christ (Identidad en Cristo)
Called to the World (Llamados para el Mundo)
Advancing Christ's Kingdom (Extendiendo el Reino de Cristo)
Life-lifting in heart, mind and actions (Impulsando en corazón, mente y acciones)

Ya que el cristianismo incluye una relación personal y una relación con propósito en Jesús, el ADN de una persona radical que cambiará al mundo refleja ambas partes de nuestra responsabilidad. Cada una de estas características cae, ya sea en atender nuestra relación con Jesús, o en extender nuestra vida a otros.

R: RELENTLESS FOR GOD (INCANSABLES PARA DIOS)

La Palabra de Dios en Mateo 6:33 dice: "Busquen el reino de Dios por encima de todo lo demás y lleven una vida justa, y él les dará todo lo que necesiten" (NTV) Cuando somos incansables, nada nos detendrá. Nos esforzamos al máximo por buscar a Dios, mientras que el trabajo, la familia, la escuela y otras prioridades compiten por nuestra atención, nada debe sobrepasar nuestra búsqueda de Dios y vivir completamente para Él. La Biblia dice que Dios se hará cargo de cada necesidad y aspecto de nuestra vida si lo ponemos en primer lugar. Sobre todo, las personas radicales que cambiarán al mundo, tienen que hacer tiempo y espacio para buscar a Dios con una pasión incansable.

Los seguidores incansables de Cristo en Bridge se mudan a las Casas de Luz donde dan su vida para servir a sus vecinos. Al buscar a Dios primero, otras prioridades pasan a segundo plano. La búsqueda incansable de Dios transforma vidas.

A: ABUNDANT IN LIFE (ABUNDANTES EN LA VIDA)

Juan 10:10 dice "Yo he venido para que tengan vida, y la tengan en abundancia". (NVI) Abundancia significa tener más que lo suficiente. No nos falta nada. Cuando Jesús empieza a cambiarnos, cambia nuestro enfoque de las cosas temporales que nos hacen falta, a la abundancia de tesoros que recibimos de nuestro Padre Celestial. A causa del increíble amor de Dios, las personas radicales que cambiarán al mundo tienen acceso a todo en el cielo y en la tierra. Vivimos en una nueva mentalidad de abundancia, reconociendo que somos bendecidos para bendecir. En vez de preguntar "¿qué puedo obtener?" Preguntamos, "¿qué puedo dar?" como personas radicales que cambiarán al mundo, tenemos más que suficiente y nos gusta dar lo que tenemos.

D: DIVERSITY FROM HEAVEN (DIVERSIDAD DEL CIELO)

La diversidad es una imagen hermosadel cielo en la tierra, en la manera que amamos y nos relacionamos con otros. Apocalipsis 7:9 nos deja vislumbrar el cielo "...una multitud tomada de todas las naciones tribus, pueblos y lenguas; era tan grande que nadie podía contarla. Estaban de pie delante del trono y del Cordero..." (NVI)

La diversidad no sólo es algo que apreciamos, es algo que debemos buscar, porque la diversidad hace más fuerte a quienes somos como individuos y como un todo. La Madre Teresa dijo: "Yo puedo hacer lo que tú no puedes hacer y tú puedes hacer lo que yo no puedo hacer, pero juntos podemos hacer grandes cosas" Al ser un equipo diverso y dinámico, logramos más cosas juntos. Como personas radicales que cambiarán al mundo nuestra meta es que el cielo se haga una realidad en la tierra por medio de una realidad tangible de diversidad unida bajo el estandarte de Cristo.

I: IDENTITY IN CHRIST (IDENTIDAD EN CRISTO)

Quienes somos determina lo que hacemos. La identidad está en el centro de en quién nos convertimos. A causa del pecado, es fácil perder nuestra verdadera identidad en Cristo y encontrar nuestra identidad en nuestros trabajos, nuestra familia, incluso en los errores que hemos cometido y en el dolor de nuestro pasado.

Sin embargo, una vez que le permitimos a Jesús guiarnos, Él nos da una nueva identidad de acuerdo a 2 de Corintios 5:17 "Esto significa que todo el que pertenece a Cristo se ha convertido en una persona nueva. La vida antigua ha pasado, ¡una nueva vida ha comenzado!". Las personas radicales que cambiarán al mundo obtienen un nuevo comienzo, libres de las otras identidades falsas. Nos convertimos en lo que Él nos llama a ser.

C: CALLED TO CHANGE THE WORLD (LLAMADOS A CAMBIAR EL MUNDO)

Somos creados de manera única para un llamado específico, Jeremías 29:11 dice: "Porque yo sé muy bien los planes que tengo para ustedes – afirma el SEÑOR-, planes de bienestar y no de calamidad, a fin de darles un futuro y una esperanza" (NVI)

Cada uno de nosotros es llamado para hacer algo. Nuestros dones, pasiones y fortalezas nos ayudan a dirigirnos al llamado que Dios tiene para nuestras vidas. Nuestro llamado funge como compás, nos da dirección en la vida. Descubrir nuestro llamado toma tiempo mientras procesamos nuestra identidad y las experiencias de la vida, nuestro llamado a ser personas radicales que cambiarán al mundo nos permite emprender la vida con propósito.

A: ADVANCING CHRIST KINGDOM (EXTENDIENDO EL REINO DE CRISTO)

Somos llamados a cambiar el mundo por medio de hacer extender el Reino de Dios. Él está obrando en todo lugar, y Él nos ha llamado a unirnos a Él en las obras que Él hace.

Jesús dijo a sus discípulos en Mateo 9:37, "La cosecha es grande, pero los obreros son pocos" (NTV) Nos encontramos con personas en el trabajo, el gimnasio, la tienda, en nuestras colonias cuyos corazones están listos para recibir el amor de Jesús. Las personas radicales que cambiarán al mundo le preguntan a Dios, "¿En dónde quieres que ayude a extender tu Reino hoy?"

L: LIFE-LIFTING IN HEART, MIND AND ACTIONS (IMPULSANDO EN CORAZON, MENTE Y ACCIONES)

Siempre edificamos en los puntos positivos, en lugar de enfocarnos en problemas, nos enfocamos en ser la solución. Edificamos en lo que edifica a otros. Como dice Efesios 4:29: "Eviten toda conversación obscena. Por el contrario, que sus palabras contribuyan a la necesaria edificación y sean de bendición para quienes escuchan". (NVI)

Cuando lleguen problemas entre cristianos, vamos a Dios primero. La cruz es la imagen de sus planes de paz. Las personas radicales que cambiarán al mundo primero se dirigen verticalmente, pidiéndole a Dios por su amor, su perdón y su dirección antes de dirigirse horizontalmente el uno con el otro.

Nos enfocamos en lo que es bueno y agradable y lo que motiva a otros a alcanzar por completo el potencial que Dios les ha dado; nadie es perfecto, pero el Dios de la perfección está cambiando a cada uno de nosotros. Como Él es el que nos está cambiando, nosotros podemos ser instrumentos en sus manos para dar palabras de vida el uno al otro. Como personas radicales que cambiarán al mundo, siempre pensamos lo mejor y decimos lo mejor de los demás.

LA META FINAL

Al recordar la discusión que tuvimos Twany y yo respecto al tono de piel del futuro esposo de Kiesha, me hace sacudir la cabeza de vergüenza. El color no fue un factor en la decisión de Kiesha de con quién se casaría. Se enamoró de un Samoano llamado Peniamina y los dos se volvieron misioneros en Tailandia.

La diversidad del Reino tiene el mismo corazón. El amor triunfa sobre el color. Las personas radicales que cambiarán al mundo se enamoran de Jesús y Él nos cambia para reflejar el ADN del Padre. Las personas diversas se unen bajo Su estandarte de amor.

Un aspecto de nuestro ADN refleja *quiénes somos* como personas radicales que cambiarán al mundo: buscamos a Jesús incansablemente con vida abundante en una familia diversa de creyentes, nuestra identidad en Cristo es el pegamento que une el ADN con su complemento. El segundo aspecto refleja *qué hacemos* como personas radicales que cambiarán el mundo: usando nuestros dones y nuestro llamado a extender el Reino de Dios en acciones que edifiquen. En verdad somos diversos, personas RADICALES que cambiarán el mundo, unidos por el amor de Jesús para hacer un impacto en el mundo.

En Bridge, aspiramos a la diversidad, con un objetivo en mente: la extensión del Reino. En el corazón del Reino de los Cielos hay personas diversas y radicales con el mismo ADN del Padre que cambiarán al mundo. Hacer que el Reino se extienda debe ser el enfoque de una relación firme con Cristo. Esa es la meta final de la diversidad.

ABIDE:

ESTABLECER ALIANZAS—
JUNTOS SOMOS MEJORES

18

MULTIPLICACIÓN

UNA VISIÓN DEL TAMAÑO DE DIOS REQUIERE LA MULTIPLICACIÓN DE IGLESIAS

El día que estuve enfrente de los dos pequeños féretros que tenían los cuerpos sin vida de mis dos vecinas, algo dentro de mí se rompió. Cuando Dios me habló, se me dio poder de convicción que mueve montañas y aún así, me sentí agobiado e incapaz de salvar ni una sola vida. Me desesperé sabiendo que no podía continuar haciendo el ministerio solo, necesitaba involucrar a otros para hacer el tipo de diferencia que transformará las colonias marginadas para cada niño.

Miles de niños en las colonias marginadas necesitan el amor y el cariño de personas que se preocupan. Yo necesitaba una visión del tamaño de Dios para mi ciudad, una que de manera sustentable cambiara a toda una comunidad. No podía seguir pensando en términos de mi vida o de mi congregación. Necesitaba unirme con pastores y lideres de toda la ciudad para tener una visión convincente del tamaño de Dios para nuestra ciudad.

Si los cristianos se involucraban, sus corazones serían tocados y se encendería una pasión dentro de ellos, dando como resultado las acciones. Un enfoque programático no produce cambio que perdura, pero las iglesias pueden proporcionar un enfoque comprehensivo para toda la vida, conectando e impactando a esos niños durante toda su vida.

La desesperación y la multiplicación van de la mano.

Enfrentar una lista interminable de problemas en las colonias marginadas ha provocado mi desesperación por ver un movimiento de multiplicación de líderes e iglesias alrededor de América que lleve a Jesús y su Reino a todas partes de nuestra ciudad y a todas partes del mundo. La multiplicación no es una opción, el costo es muy alto, tenemos que multiplicarnos.

UN EJÉRCITO DE VOLUNTARIOS

Aproximadamente 7500 voluntarios al año han abrazado la visión de multiplicación, al registrar incontables horas sirviendo junto con ABIDE y la iglesia Bridge. Ver a individuos diversos sirviendo juntos me llena de humildad y me inspira. Al adoptar una colonia tras otra, el sueño de ya no tener colonias marginadas se acerca más a ser una realidad.

Don es un contratista que ve su negocio como una forma de extender el Reino de Dios. Por varios años se tomaba una semana libre en navidad para ayudar en un proyecto de renovación, no sólo le pagaba a sus empleados para ayudar, los animaba a dar tiempo adicional como voluntarios y reúne otros pequeños negocios para ayudar con todo, desde fumigación de termitas hasta la instalación de mostradores.

Larry es un experto en demolición con un corazón generoso. Él constantemente es voluntario y dona a la misión de ABIDE y Bridge. Cuando escuchó que Twany soñaba con tener un patio con césped, llegó con un camión lleno de césped, algo raro en las colonias marginadas donde los patios se convertían en lugares para tirar basura o en estacionamientos.

Greg y Nancy son dueños de un negocio de reparación de cimientos y de impermeabilización de sótanos, con cientos de empleados en varias locaciones. Cuando escucharon acerca de la misión de ABIDE y Bridge, trajeron a sus empleados locales para reparar un sótano que se estaba colapsando en una Casa de Luz. Al terminar el proyecto, Greg y Nancy fueron anfitriones de una fiesta en la calle e invitaron a todos los vecinos.

La edad no es un freno para Dick, quien encabeza un grupo de voluntarios que con mucho amor llama "los viejitos". Ahora en sus 80s, Dick continúa trayendo un grupo de voluntarios a las colonias marginadas cada semana, algo que ha estado haciendo desde hace 20 años. Un año involucró a varios contratistas locales para capacitar a cerca de 24 jóvenes de las colonias marginadas mientras trabajaban en un proyecto de construcción. Después de dos semanas, los que tenían más de 18 años consiguieron trabajo, algo que merece repetirse en el futuro.

Miles de voluntarios hacen la diferencia. Chris es un inversor de capital de riesgo con una mentalidad de Reino que ha pagado la factura de varias Casas de Luz. Pete es un plomero que dona incalculables horas de trabajo y luego, en lugar de darle a ABIDE una factura, le da un cheque. Harry es un hombre que se dedica a los sistemas de climatización y repara e instala los sistemas de climatización usados que la gente dona. Siempre está disponible para contestar mis llamadas después de las horas de trabajo. Sin este ejército de voluntarios ABIDE y Bridge no podrían multiplicar el impacto en las colonias marginadas.

ESTABLECER ALIANZAS

Iglesias que toman riesgos y que se aventuran en la fe, se han unido a los esfuerzos de multiplicación al convertirse en aliados de ABIDE/Bridge. Desde la renovación de las primeras Casas de Luz, muchas iglesias se han unido. Un miembro de una de las iglesias aliadas donó una casa porque se iría a Iraq en una movilización militar. Otra iglesia compró dos casas dúplex con las ganancias de un evento creativo que ellos patrocinaron. Al día de hoy, la lista de iglesias aliadas sigue creciendo.

Más que nunca reconocemos nuestra necesidad de establecer alianzas con múltiples iglesias, para que activamente ABIDE participe con otros alrededor de la ciudad para adoptar colonias y multiplicar el principio de amar a nuestros vecinos. Los aliados firman un acuerdo con ABIDE haciendo un compromiso en tres áreas: relacionarse, servir y dar.

En el compromiso de relacionarse, los aliados se comprometen a hacer conexiones mensuales con los vecinos, también se comprometen a conectarse con ABIDE/Bridge mediante una red de misiones a lo largo de toda la ciudad, juntas administrativas trimestrales y a almuerzos anuales para relacionarnos.

En el compromiso de servir, los aliados hacen una promesa de servir semanalmente a los niños, jóvenes y familias de las colonias marginadas en una variedad de formas incluyendo; ayudar en el club de la Biblia, basquetbol, natación, asesorías y orientación. Compromisos mensuales enfocados en proyectos y actividades como: podar césped y recolección de basura o eventos comunitarios: como las fiestas en la calle o en eventos en días festivos.

Posteriormente los aliados pueden comprometerse con donaciones financieras mensuales o anuales y con becas para niños, jóvenes o a programas de apoyo a la familia, eventos comunitarios y renovación de casas.

ABIDE/Bridge está ganando una fuerte presencia en Omaha como consecuencia de la unión de las iglesias. El impacto está causando una reacción en cadena para tocar las vidas con el amor de Jesús alrededor de nuestra ciudad. Como dice un viejo proverbio africano: "Si quieren ir rápido, vayan solos. Si quieren llegar lejos, vayan juntos". Una joven líder de Bridge es la prueba viviente de que juntos es mejor.

UNA ENCRUCIJADA DIVINA

Bobbie Jo se salió de la preparatoria y se fue de su casa para escapar del caos y la disfuncionalidad del estilo de vida de su madre y se embarazó a los 15 años.

No mucho después de que naciera su hija, Bobbie Jo presenció una discusión que cambiaría su vida para siempre. Como siempre, su mamá le exigía dinero a su abuela; a menudo, su abuela tenía que elegir entre pagar sus medicamentos o su hipoteca, además de todos los gastos del hogar con su presupuesto de 1600 pesos al mes.

Mientras la discusión se extendía, Bobbie Jo vio un futuro de disparidad y desesperanza. En ese momento prometió cambiar el curso de su vida por el bien de su hija. Se inscribió en la preparatoria nuevamente, se casó con el padre de su hija, tomó la responsabilidad de criar a su hermana de 6 años y regresó a la iglesia de su abuela.

Bobbie Jo se graduó con honores y recibió una beca completa para la universidad, donde obtuvo su título en educación especial. Aceptó un trabajo en su preparatoria con la meta de ahorrar dinero y darles una mejor vida a sus hijos, alejados de las colonias marginadas.

Dios tenía otros planes. Él cruzó la vida de Bobbie Jo con la vida de un vecino que tuvo un encuentro con Dios después de que le dispararon. El vecino invitó a Bobbie Jo a la iglesia Bridge, rápidamente Bobbie Jo y su hermana se unieron al equipo de Bridge en un viaje misionero a México.

Vi a una líder fuerte en Bobbie Jo, proyecté una visión para que ella transformara su colonia en las colonias marginadas, en vez de que se fuera de su comunidad. Aceptó un trabajo en ABIDE, aunque la paga era la mitad de lo que ganaba como maestra y se unió a nuestro equipo como líder.

Bobbie Jo vivía en la casa donde había crecido desde que su abuela se la heredó después de morir. Escuchar de la visión de ABIDE inspiró a Bobbie Jo a alcanzar a sus vecinos. Una de esas vecinas era una mujer llamada Jasmine, se resistía a las invitaciones de Bobbie Jo de ir a la iglesia Bridge, pero Bobbie Jo no se dio por vencida. Finalmente, Jasmine aceptó ir a Bridge, donde se sintió amada y aceptada. Cuando varias iglesias de Omaha se juntaron para hacer un alcance comunitario, Jasmine invitó a su mamá.

La multiplicación de líderes e iglesias es la estrategia de Dios para combatir las desbordantes tragedias. Debido a que las iglesias trabajan juntas para servir mano a mano durante este alcance, Jasmine y su mamá se conectaron con personas de la iglesia Bridge

Jasmine era la hermana mayor de Carissa y Chloe.

Dios tenía un milagro en puerta.

CAPÍTULO

19

CÍRCULO COMPLETO

ACUSADA DE HOMICIDIO

La policía finalmente conectó los asesinatos de Carissa y Chloe a su hermana mayor Jasmine. Una destrozada y asustada adolescente, Jasmine sufrió abuso sexual desde temprana edad.

Para el último grado de la secundaria, Jasmine no podía soportar los recuerdos de su abuso sexual. Encontró todas las pastillas de su casa y se las tragó todas esperando no despertar, cuando su plan falló, Jasmine mantuvo el dolor en su interior, en vez de decirle a alguien, hizo planes para huir a California con su novio que era mayor que ella.

Carissa y Chloe se interpusieron en su camino, Jasmine no podía llevarse a sus hermanas con ella a California, así que tenía que protegerlas de los horrores que ella había experimentado.

Mentalmente inestable por años de trauma, Jasmine decidió que la muerte era la única opción para salvar a sus hermanas.

En un estado delirante, Jasmine creyó que tenía que matar a Carissa y Chloe para protegerlas de los hombres de la casa.

La bruma traumática dejó a Jasmine de 15 años con pocos recuerdos de haberle disparado a Carissa y Chloe. Arrestaron a Jasmine y la acusaron de homicidio, pero la declararon inocente debido a la demencia temporal. Después de dos años en una institución mental donde obtuvo su diploma de la preparatoria, transfirieron a Jasmine a una casa grupal para adultos.

La pérdida de sus hermanas continuó angustiando a Jasmine. Para llenar el vacío, se involucró en una relación con un hombre que ella pensaba que la iba a amar y a cuidar, sus primeros dos hijos nacieron en medio de la disfuncionalidad de las drogas y abuso. Jasmine nunca luchó por defenderse, creyendo que se merecía lo peor por el crimen que había cometido. Jasmine afrontó todo adormeciendo el dolor con las drogas y alcohol.

El estado intervino cuando nació su tercer hijo. Los trabajadores sociales se llevaron al bebé al hospital y ella recibió la orden de ir a corte donde perdió la custodia de sus otros hijos.

Cuando Bobbie Jo entro en la vida de Jasmine, no se dio por vencida cuando Jasmine rechazó muchas veces la invitación de ir a la iglesia. Jasmine finalmente aceptó y de inmediato se sintió identificada con personas de Bridge que pasaron tiempo en la cárcel antes de rendir sus vidas a Cristo.

Jasmine regresó el siguiente domingo.

Y el siguiente.

MILAGROS SUCEDEN

Twany y yo le mostramos amor a Jasmine a pesar de su pasado. Por tres semanas se sentó atrás de nosotros en la iglesia, sin tener idea de que alguna vez fuimos vecinos, un alcance comunitario entre varias iglesias provocó la conexión cuando Jasmine invitó a su mamá.

El trauma y la vergüenza amenazaron con sacudir los nuevos cimientos de Jasmine. Personas que conocía y respetaba sabían su secreto.

El siguiente domingo Jasmine vino a la iglesia y confrontó a mi esposa y a mí "¿Saben quién soy?"

Twany y yo asentimos con la cabeza.

"¿Y me dejaron entrar a su iglesia?" sus ojos reflejaron su incredulidad.

"Te amamos y Jesús también, Él te dará perdón y libertad."

Corrieron lágrimas de los ojos de Jasmine como si un peso se le hubiera quitado de encima. Los tres nos abrazamos y fluyeron las lágrimas.

Jasmine le dio su vida a Jesús y se bautizó en la iglesia Bridge unas semanas después, aceptando el perdón que sólo Jesús puede dar. Después de un viaje misionero a México, Jasmine compartió su testimonio públicamente. Hoy Jasmine es una mujer segura de sí misma y una líder y servidora en Bridge.

Sólo Dios puede transformar verdaderamente una vida.

Amar a nuestros vecinos es la estrategia de Dios para cambiar el mundo. Dios anhela que nos levantemos de nuestros asientos y salgamos a las calles.

Es ahí donde los verdaderos milagros suceden.

JUNTOS SOMOS MEJORES

Dios tiene planes increíbles para que cada uno de nosotros viva su vida al máximo y hacer la diferencia en el mundo.

Comparte una historia de cómo este libro te ha animado a hacer la diferencia en este mundo en www.rondotzler.com o en www.outoftheseatsandintothestreets.com Esto nos animará a todos a seguir haciendo brillar este mundo.

Sé un promotor de esperanza y cambio, especialmente para niños vulnerables alrededor del mundo. Dios nos quiere usar para animar y atraer a otros a dar oportunidades para niños, jóvenes y adultos que de otra manera no tendrían esperanza.

Considera donar recursos financieros a "Luces de Esperanza" en cualquiera de las direcciones de arriba. Esta fundación se creó en memoria de Chloe y Carissa. Todos los fondos se usarán para impactar la vida de jóvenes y adultos en las colonias marginadas alrededor del mundo.

Que Dios te bendiga grandemente al levantarte de tu asiento y salir a las calles a impactar el mundo para Cristo.

Ron Dotzler

RECONOCIMIENTOS

Levántate de tu Asiento y Conquista las Calles es una recopilación de historias y conocimiento detrás del trabajo que hace ABIDE transformando las colonias marginadas de Omaha desde 1989. El impacto de ABIDE no hubiera sido posible sin los esfuerzos y sacrificios incansables del actual y antiguo personal, miembros del comité, pastores y miles de voluntarios, que de manera colaborativa, han moldeado este ministerio. Sus esfuerzos han hecho este sueño realidad y juntos le estamos dando esperanza a innumerables vidas.

Quiero dar gracias especialmente a mi esposa Twany y a nuestros catorce hijos por estar firmes en la fe y perseverar cuando todas las probabilidades parecían estar en nuestra contra. Su apoyo, devoción y gozosa disposición me animan y levantan, soy mucho mejor debido a cada uno de ustedes. Los amo.

Quiero agradecer a muchos miembros de la familia y amigos que han apoyado y extendido la misión de ABIDE y Bridge. En los primeros días cuando no tenía idea de cómo comunicar la visión, ustedes se mantuvieron con nosotros y nos ayudaron a hacer crecer ABIDE y Bridge a lo que ahora somos.

Para aquellos que estuvieron desde el principio, su inversión a largo plazo, su amistad y liderazgo han hecho toda la diferencia. Quiero agradecer a mis padres Ray y Delores Dotzler a mis hermanos y sus esposas: Ray y Jan Dotzler, Joe y Barb Dotzler, David y Sandi Dotzler. A los miembros del comité: Rick y Renne Berry, Brad y Julie Knutson. Estoy muy agradecido con los líderes de ABIDE y Bridge, en especial con mi hijo Josh y su esposa Jen, así mismo con Myron y Kristen Pierce, su liderazgo tenaz e innovador ha llevado a ABIDE y Bridge a otro nivel. No solo están liderando un movimiento, este libro no se hubiera realizado sin su amor, apoyo e inspiración.

Un agradecimiento especial a Greg y Nancy Thrasher, Pete y Marilyn Viventini, Al y Terry Oswald, Chris y Joan Held, Chuck y Judy Downey, John and Wende Kotuoc, Bob y Joanne Gjere, Jim Blazek y muchos más. No puedo empezar a expresar mi gratitud para cada uno de ustedes, si hubiera un premio para personas que cambian el juego, todos ustedes ganarían. Cuando llegaron grandes obstáculos y dificultades a nuestra ciudad, su leal compromiso a hacer la diferencia nunca disminuyó. Soy bendecido con su amor, amistad y apoyo.

Gracias a miles de voluntarios que han trabajado con niños en las colonias marginadas o que han ayudado embelleciendo y le han dado esperanza a nuestra ciudad. Estaré siempre agradecido con Larry y Barb Welchert y con Dan y Catherine Stein quienes compartieron la visión antes de que

ABIDE y Bridge empezaran a tomar forma. Cuando Twany y yo estuvimos en lo más bajo, ustedes siempre estuvieron ahí. Gracias a los asombrosos y hábiles contratistas que influencian y movilizan continuamente, trabajando en proyectos, compartiendo ideas, involucrando a otros y renovando Casas de Luz y centros comunitarios para que vidas y colonias sean transformadas. Quiero agradecer a Harry y Pam Tkaczuk, Phil Lorsung, Maxine Lyons, Art e Isabel Martínez, Bob y Jan Drake, George Bang, Lance Brauer, Dick Carpenter, Dan Claxton, Bob y Kathy Laughlin, John y Dodi Imler, Alan Hove, Tom Michels, Dan Luna y a los muchos otros que han contribuido con ABIDE y al mejoramiento de nuestra ciudad.

Pastores especiales en mi vida como Elmer Murdoch, Les Beauchamp, Lincoln Murdoch, Ty Schenzel, George y Pam Moore, James y Suzanne Patterson, Jeremiah y Marilyn McGhee, Walter y Melba Hooker, Robert Hall, Bill Bowers, Caitlin O´Hare y muchos más, que están haciendo un increíble trabajo en traer el Reino de Cristo, en la tierra como es en el cielo. Nunca me canso de darle gracias a Dios por ustedes y de decirle a otros de su influencia.

Finalmente un agradecimiento a Shawn Deane, mi asistente, y a Angela Prusia, la escritora fantasma de *Out of the Seats and Into the Streets.(Levántate de tu Asiento y Conquista las Calles)*

Sin su ayuda, las ideas y capítulos no hubieran sido claros o impactantes. Las palabras no pueden expresar cómo ambos hicieron funcionar este proceso.

Gracias a todos.

En verdad juntos somos mejores.

Made in the USA
Middletown, DE
16 September 2024